푸른 눈의 독립운동가
선교사 이야기

도서출판 고양이학교

고양이학교는 이웃 사랑과 생명 존중, 자연 보호와 반려동물에 관심을 모아
어린이와 어른, 모든 세대가 함께 즐기고 나눌 수 있는 책을 만듭니다.

푸른 눈의 독립운동가
선교사 이야기

글	조명숙
그림	공공이
디자인	김바라
초판 1쇄	2025년 9월 22일
펴낸이	최영래
펴낸곳	도서출판 고양이학교
등록	2024년 8월 1일(제684-92-01781호)
주소	인천시 강화군 하점면 고려산로27번길 28-17
블로그	naver.com/msjo59
전화	070-8836-0938
모바일 팩스	0504-425-4406
전자우편	cats-school@naver.com

Published in Korea by Catschool Publishing Co, Incheon.
Registration No. 684-92-01781.
ⓒ2025 조명숙, 공공이
ISBN 979-11-989304-1-5 73910

* 책값은 뒤표지에 있습니다.
* 잘못 만들어진 책은 구매한 곳에서 바꿔드립니다.
* 이 책은 저작권법에 따라 보호받는 저작물이므로 무단 전재와 무단 복제를 금합니다.
* 이 책의 전부 또는 일부를 이용하려면 저자와 도서출판 고양이학교의 동의받아야 합니다.

품명: 푸른 눈의 독립운동가 선교사 이야기 제조자명: 고양이학교 주소: 인천시 강화군 하점면 고려산로27번길 28-17
연락처: 070-8836-0938 제조년월: 2025년 9월 제조국: 대한민국 사용연령: 11세 이상
취급상 주의사항 * 종이에 베이지 않도록 주의하세요. 책의 모서리가 날카로우니 던지거나 떨어뜨려 다치지 않도록 주의하세요.
KC마크는 이 제품이 공통안전기준에 적합하였음을 의미합니다.

추천의 글

2008년 한국 안데르센 은상을 수상한 저자는, 무겁고 딱딱하게 읽힐 수도 있는 역사 이야기를 재미있고 흥미진진한 한 권의 만화와 같은 동화책으로 엮어 냈습니다. 이 책을 읽다 보면 마치 할아버지나 어르신들이 무릎에 앉은 손자 손녀들에게 옛날이야기를 들려주는 모습이 연상됩니다. 이런 면에서 어쩌면 이 책은 구전으로 역사를 전하는 가장 훌륭한 교육 프로그램의 도구로 사용되지 않을까요? 정치·문화·사회 등 다양한 분야에서 격변을 겪었던 1900년대 전환기이자 일제 강점기 속에서, 한국인보다 한국을 더 사랑했던 푸른 눈의 선교사들이 손과 발로 또 몸으로 직접 펼쳤던 감동의 역사 이야기입니다. 두고두고 다음 세대들에게 들려줘야 할 책임이 기성세대에 있습니다. 다음 세대는 다음이 아닌 지금 세대에 주인공이 되어야 하고, 지금 시대에 목적과 대상이 돼야 하는 것이 바로 다음 세대입니다. 사회적 책임을 고민하며 다음 세대를 걱정하는 지금의 그리스도인들이 먼저 읽어야 할 책으로 일독을 권합니다.

고석표 CBS 선교콘텐츠본부 대외협력 국장(현). 강원영동 CBS 방송본부 보도제작 국장과 선교TV본부 TV제작 국장, 강원영동방송본부 대표 역임.

글쓴이는 나의 어린 시절 고향 강화도 대산교회 주일학교 동급생이었고, 성경학교 교사로 함께 하며 미래를 꿈꾸던 오랜 친구입니다. 이 책에 알려진 서양 선교사님들은 고향과 고국, 가정을 뒤로하고 오직 목숨을 건 헌신과 열정으로 가난과 문맹이 태반이었던 한국인들에게 많은 사랑을 주신 분들입니다. 지금 세계 10대 문명, 복지국가가 된 대한민국의 계몽과 발전의 밑거름이 되어 주신 분들이지요. 이 책은 우리가 받은 그 사랑을 깊이 생각하게 하며 갚는 자로서, 복음과 선교에 빚진 자로서 나누고, 선교의 삶에 대한 감동을 일으키기에 참, 좋은 책입니다. 많은 사람이 꼭 읽었으면 하는 바람으로 추천합니다.

김용관 선교사 · 목사, 필리핀 세부, 레이떼, 삼보앙가에서 30년(1995~현재) 섬김

항상 무겁게만 들리던 선교사님들의 이야기를 이렇게 쉽고 재미있는 역사 이야기로 읽게 되어서 너무나 반가웠습니다. 이 책은 학교생활로 바쁜 아이들과 직장 생활로 분주한 어른들에게 우리나라의 역사를 잠시 돌아볼 수 있는 마음의 여유를 가져다줍니다. 그리고 우리가 살아가고 있는 이 나라가 누군가의 희생과 헌신 위에 세워졌음을 기억하게 하고, 우리도 누군가의 손을 잡아주어야 함을 알게 합니다. 교회를 섬기고 있는 목회자로서 성도들과 편안하게 읽고 나눌 수 있는 책으로 꼭 활용해 보고 싶습니다.

박상현 충주 충일교회 위임목사, 〈믿음아, 안녕〉 저자

선교사 이야기의 글 속에서 에베소서 3장:19절 말씀이 생각난 것은 우연이 아닙니다. 이 작품은 넓고, 깊고 높아서 읽으면 오래 기억될 것이라 여겨집니다. 작가의 삶 속에서 여러 경험이 이러한 글을 쓰게 하였을 것이고, 보통 사람의 눈으로 볼 수 없는 것들을 볼 줄 아는 작가의 혜안이 큰 감동으로 다가왔습니다. 작가의 삶과 하나님의 말씀이 씨줄과 날줄처럼 엮여 고백이라는 열매로 나왔다고 봅니다. 이 책을 읽는 사람들은 생명수 강가에서 열두 가지 열매를 따 먹는 귀한 영적 체험이 되리라 믿습니다.

조대엽 논산침례교회 담임목사, 기독교한국침례회유지재단 이사장, 한국침례신학대학교 총동문회 회장

오래전 우리나라는 아파도 치료할 병원이 없었고, 배우고 싶어도 다닐 학교가 없었어요. 물론 먹을 것과 입을 것도 턱없이 부족했지요. 그런 가난한 조선 땅에 푸른 눈의 사람들이 찾아왔어요. 쉐핑, 스크랜턴, 언더우드, 헐버트, 스코필드……. 이분들은 병원을 세우고, 학교를 세우며, 일제에 맞서 독립운동에도 앞장섰어요. 나아가 조선 사람들을 위해 자신의 목숨까지 아끼지 않았지요. 그 힘은 하나님이 주신 용기에서 비롯된 것이었어요. 그래서 이 책은 이분들의 업적뿐 아니라, 하나님이 원하신 진심 어린 사랑과 헌신의 이야기를 담고 있어요. 그 진심이 어떻게 사람을 살리고, 어떻게 세상을 바꾸었는지를 우리에게 전해줍니다. 이 훌륭한 책을 통해 진정한 나눔과 책임, 사랑의 힘을 배우게 되기를 희망합니다.

박소명 세린교회 집사, 시인·동화 작가, 25년간 교회학교 교사로 봉사, 「흑룡만리」 저자

차례

푸른 눈의 독립운동가
한국인보다 한국을 더 사랑한 사람들

1. 꿈꾸는 사람 언더우드 ······ 14
2. 조선 여인들을 살린 스크랜튼 모자 ······ 24
3. 조선과 한글을 사랑한 헐버트 ······ 34
4. 수술칼과 펜을 들고 싸운 그리어슨 ······ 44
5. 가난한 여인들과 장애인의 친구, 홀 ······ 52
6. 호주에서 온 엄마 멘지스·데이비스·호킹 ······ 62
7. 인내의 사람, 에비슨 ······ 72
8. 한국 동포를 구한 베델 ······ 82
9. 한국인을 내 몸같이 사랑한 윌리엄 린튼 ······ 92
10. 34번째 민족 대표 스코필드 ······ 100
11. 수술칼과 카메라를 들고 외친 마틴 ······ 110

푸른 눈의 선교사
한국을 위해 목숨을 아끼지 않은 사람들

1. 죽으면 죽으리라 외친 토마스 • • • • • • 120

2. 거룩한 소원을 이룬 아펜젤러 • • • • • • 130

3. 평양에 믿음의 씨앗을 뿌린 스왈른 • • • • • • 142

4. 천사의 삶을 살았던 쉐핑 • • • • • • 150

5. 푸른 눈의 한국인, 휴 린튼 • • • • • • 160

작가의 말 • • • • • • 168

참고자료 • • • • • • 172

19인 독립운동가·선교사 조선 입국 순서

책을 읽기 전 일러두기

- 연대 분류– 조선 시대, 대한제국, 일제 강점기, 대한민국

- 1863년 고종(1852년~1919) 조선 제26대 국왕 즉위

- 1897년 고종황제 대한제국 초대 황제로 즉위

- 1899년 대한제국 국제 반포

- 1910년 한일 병합 조약(경술국치)
  –우리나라의 통치권을 일본에 빼앗긴 사건

- 1919년 대한민국 임시정부 수립

- 1945년 8월 15일 광복절

- 1948년 8월 15일 대한민국 정부 수립
  –이승만(1875~1965) 대한민국 초대 대통령 취임

- 독립유공자– 일제에 항거해 훈장, 포장, 표창을 받으신 분들

- 독립운동가– 한 민족이나 지역, 집단의 분리 독립이나 주권 회복, 탈식민지화를 위해 투쟁하신 분들

- 순국선열– 우리나라를 위해 싸우다가 사형 또는 고문으로 사망했을 경우

- 애국지사– 우리나라를 위해 고초를 겪고 노환, 질병으로 사망 또는 생존했을 경우

- 의사– 무력을 사용

- 열사– 비무장 항거

 훈장의 종류

- 무궁화대훈장- 우리나라의 최고 훈장으로 국내외의 국가 원수와 그 배우자를 포함한 그에 준하는 인물에게 수여하는 훈장

- 건국훈장- 대한민국 건국에 공로가 많거나 나라의 기초를 공고히 하는 데 공헌한 사람에게 수여하는 훈장
    1등급 : 대한민국장   2등급 : 대통령장   3등급 : 독립장
    4등급 : 애국장   5등급 : 애족장

- 국민훈장- 우리나라의 정치·경제·사회·교육·학술 분야에 공적을 세워 국민의 복지 향상과 국가 발전에 공헌한 사람에게 주는 훈장
    1등급 : 무궁화장   2등급 : 모란장   3등급 : 동백장
    4등급 : 목련장   5등급 : 석류장

- 건국포장- 대한민국의 건국과 국가의 기초를 공고히 하는 데 헌신하고 공헌한 공적이 뚜렷한 사람에게 수여하는 훈장
    정장, 금장, 약장

- 그 외 여러 훈장이 있어요.

푸른 눈의 독립운동가
한국인보다 한국을 더 사랑한 사람들

호러스 그랜트 언더우드(Horace Grant Underwood) 1859년~1916년

한국 이름 원두우. 영국 런던에서 아버지 존 언더우드와 어머니 엘리사벳의 셋째 아들로 태어났어요. 뉴욕대학교, 뉴브런스위크신학교를 졸업하고 장로교 목사가 되었어요. 1년간 의학 공부 후 1884년 조선 최초 장로교 선교사가 되었고, 1885년 4월 조선에 입국했어요. 원두우학당(현 경신중고등학교) 연희전문학교(현 연세대학교) 설립, 첫 장로교 교회인 정동교회(현 새문안교회)와 1900년도 초 양평동교회를 설립했어요. 1889년 의사 릴리어스와 결혼한 후 평양·의주·개성·소래 등 선교 여행을 떠나 600여 명의 환자를 치료했어요. 1891년~1893년 미국 전역에서 강연, 선교 지원 연설, 설교 등 위기에 처한 조선의 실상을 세계에 알렸어요. 저서로는 『영한자전』, 『한영문법』, 『한불사전』이 있고, 『신약(마태, 마가, 누가, 요한)의 4대 복음서』를 번역 출간했어요. 또 아펜젤러와 헐버트의 도움을 받아 『마가복음서 한글판』을 번역 출간했어요.

• 1906년(고종 43년) 태극훈장 하사 - 조선왕조실록 고종실록 47권에 고종이 명을 내린 기록이 남아 있어요.

1. 꿈꾸는 사람 언더우드

"엄마, 선교사가 되는 꿈을 꾸었어요."

4세인 언더우드가 아침에 일어나 엄마에게 말했다.

"아우, 기특해. 정말이야?"

"네, 어른이 되면 선교하러 인도에 갈래요."

"아가, 너는 훌륭한 선교사가 될 거야."

늘 응원하던 어머니는 언더우드가 6세 되던 해에 돌아가셨다. 그 후 13세에 영국을 떠나 미국에 가서 살게 되었다.

선교의 꿈을 놓지 않았던 언더우드는 14세에 인도 사람의 강연을 듣고 인도에 갈 생각을 굳혔다. 대학 졸업 후 인도에서 필요한 힌디어와 의학을 공부했다.

그러던 어느 날 언더우드를 부르는 신비한 소리가 들려왔다.

"언더우드, 언더우드! 왜 네가 가지 않느냐? 조선에 갈 사람은 아무도 없구나. 조선은 어떻게 될까?"

그 목소리가 머릿속에서 떠나질 않았다.

"요나처럼 되긴 싫어. 순종하며 나아가야겠어."

언더우드는 인도가 아닌 조선에 가야겠다고 결심했다. 그리고 조선에 대해 자세하게 알아보았다.

'조선에는 서양식 학교가 없다고 했지. 내가 조선에 가서 아주 큰 대학을 세워야겠어. 젊은이들이 마음껏 공부하고 꿈을 펼칠 수 있게 도울 거야.'

언더우드는 1885년 4월 제물포에 도착한 지 3일 만에 고종이 세운 서양식 국립병원 제중원에서 환자를 돌보기 시작했다.

"배가 살살 아프고 물똥을 쫙쫙 싸요."

조선인 환자가 핼쑥한 얼굴로 말했다.

옆에서 통역을 해주는 사람이 있었지만 언더우드는 손짓, 발짓으로 치료 방법을 설명했다.

"아 네. 끓인 물을 마시고 죽을 먹으라고요? 알았어요. 약을 잘 먹을게요."

조선인 환자는 이해력이 빨랐다.

'음, 스스로 배우는 능력이 뛰어나군. 이곳에 빨리 학교를 세워야겠어. 그러려면 내가 한글을 얼른 익혀야 해.'

언더우드는 큰 꿈을 키워나갔다.

그러던 어느 날 빈집에 아픈 아이가 있다는 사실을 알게 되었다. 아이의 엄마는 병으로 죽고, 아버지는 귀양을 가서 가난한 삼촌들이 아이를 돌봤다. 그런데 아이가 영양실조와 열병으로 거의 죽게 되자, 삼촌들이 아이를 뒷방에 눕히고 병풍을 쳐놓았다.

언더우드는 서둘러 아픈 아이를 찾아갔다. 아이는 배고픔에 지쳐 울며 벽지를 뜯어 먹고 있었다. 가엾고 비참해서 가슴이 먹먹해지고 눈물이 흘러내렸다. 언더우드는 아이를 일으켜 끌어안았다. 그리고 빵과 우유를 아이에게 먹였다.

"아가, 배고프지? 이걸 먹고 우리 집에 가자."

27세 언더우드가 5세 김규식[1]을 업고 집에 돌아와 아들로 입양했다. 김규식은 영특해서 무엇이든 잘 배웠다.

언더우드는 늘 어디를 가든 거리에 버려진 아이들을 그냥 지나치지 못했다.

"저 아이들을 어쩌지? 잘 키우고 교육해야 하는데 어쩌지? 이 나라의 미래가 저 아이들에게 달려있는데. 아, 내 집을 고쳐서 데려와야겠어."

언더우드는 1886년에 고아원학교를 세우고 이듬해에 예배를 드렸다. 이 예배가 새문안교회의 시초였다.

"아빠! 잠 안 자고 뭐 하세요?"

어린 김규식이 물었다.

"한국어를 열심히 배워 한글 성경책을 만들려고 그러지."

언어 능력이 뛰어났던 언더우드는 밤낮으로 공부해 한국어로 말하고 쓸 줄 아는 한국어 전문가가 되었다.

---

[1] 김규식: 1881년~1950년. 만 5세에 언더우드의 양아들로 자라 미국에서 석사학위 취득. 1918년 모스크바 약소민족대회와 1919년 파리강화회의에 한국 대표로 참석. 민족혁명당을 창당 임시정부 국무위원. 독립운동가로 1989년 건국훈장 대한민국장 추서. 저서로 엘리자베스시대의 연극입문. 시집 양자강의 유혹 등이 있음.

어느 날, 제중원 의사이자 명성황후의 주치의였던 선교사 아내 릴리어스가 말했다.

"여보, 큰일 났어요. 전염병이 돌고 있어요."

1895년 전국에 콜레라가 유행해 아내가 세운 요양소에는 환자가 넘쳐났다. 많은 사람이 구토와 설사로 쓰러졌고 죽어갔다.

"성도님들, 잘 들으세요. 콜레라는 손을 깨끗하게 씻고 물과 음식을 끓여 먹여야 합니다. 환자의 옷은 깨끗하게 빨아서 햇볕에 잘 말려야 합니다."

언더우드 부부는 새문안교회 성도들에게 위생 교육을 시작했다.

요양소에서 치료받은 환자들의 병이 완쾌되자 소문이 퍼졌다.

"저 푸른 눈의 여의사가 우리 애 병을 낫게 했어요. 남편인 선교사님은 얼마나 친절한지 몰라요."

"우리 남편도 설사가 심했는데 좋아졌어요. 저분들은 천사예요."

언더우드 부부는 콜레라가 사라질 때까지 밤낮으로 기도하며 환자를 치료했다.

전염병이 돌던 1895년에 일제가 명성황후를 시해한 을미사변이 일어났다. 고종은 왕비의 장례를 치르지 못하고 슬픔에 빠져있었다.

"여보, 이 나라가 걱정이에요. 고종께서 식사를 못 하고 계세요. 일본인들이 음식에 독을 넣으면 큰일이잖아요. 우리가 음식을 만들어 드리는 게 좋겠어요. 당신 생각은 어때요?"

아내가 물었다.

"릴리어스 고마워요. 좋은 생각이에요. 어서 만들어 주세요. 내가 직접 폐하께 갖다 드릴게요. 우리가 나서야겠어요."

아내는 음식을 만들어 깨끗한 도시락에 담았다. 언더우드는 커다란 나무상자에 도시락을 넣고 자물쇠를 채웠다. 궁에 도착한 언더우드는 고종이 보는 앞에서 상자를 열어 도시락을 꺼냈다.

"폐하, 제 아내가 이 음식을 만들었습니다. 어서 드세요."

"언더우드 고맙소! 그대는 이 나라의 충신이오. 위태로운 조선을 위해 일하는 충성된 마음 잊지 않겠소. 가장 충직한 신하에게 내리는 검이니 받으시오."

고종은 사인검[2]을 언더우드에게 건넸다.

"이런 귀한 검을 주시다니요! 저는 부족한 사람입니다."

"언더우드, 어서 받으시오. 조선인보다 더 조선을 사랑하는 그대에게 주는 것이오."

---

[2] 사인검(사인참사검) : 조선조 16세기에 왕들이 장식용 또는 호신용으로 지녔던 검. 사인이란, 12지간 중에 호랑이를 뜻하며, 호랑이의 용맹스러움이 깃듦. 표면에 사인검을 설명하는 한자 27자가 순금으로 새겨져 있으며 손잡이는 동, 칼집은 철갑상어 껍질로 만듦.

"황송합니다, 폐하."

언더우드는 조선의 미래에 대해 마음 깊이 생각하게 되었다.

1900년이 밝았다.

언더우드는 마음속에 품었던 꿈을 현실로 펼칠 때라고 여겼다. 그래서 친구에게 대학 건물 설계도를 부탁했고, 신촌 캠퍼스 설계도를 손에 넣었다.

"이제, 건축비를 마련하면 되겠어. 거의 다 된 거야."

조선에 대학을 세우기 위한 언더우드의 노력은 계속되었다. 마침 미국에서 타자기를 개발하고 사업하는 친형이 많은 돈을 보내왔다.

"이 돈이면 대학을 세울 땅을 사고 건물을 지을 수 있겠어. 나의 꿈이 드디어 이루어지게 되었어. 여보, 조선인 문화는 독특하고 놀라워요. 더 나은 교육을 받았더라면 국가적인 고난과 치욕을 잘 막아낼 수 있었을 거예요. 지금 가장 필요한 것은 자주독립이고, 그것을 위해서는 능력이 뛰어난 젊은이들이 필요해요."

"당신은 해낼 거예요. 저는 믿어요."

아내 릴리어스도 함께 기뻐해 주었다.

드디어 1915년에 고등교육기관인 경신학교 대학부(현 연세대학교)를 설립했다. 언더우드는 잠자는 시간까지 아껴가며 일하다 건강이 나빠져 치료받으려고 미국으로 돌아갔다.

"여보, 조선에 가는 꿈을 꾸었어요. 그곳에 가고 싶어요."

언더우드가 아파서 걷지도 못하면서 아내에게 말했다.

"건강을 회복하면 갈 수 있어요. 얼른 훌훌 털고 일어나세요."

"나는 지금도 조선에 가서 여행할 수 있어요. 그곳이 그리워요."

언더우드는 다시 일어날 것이라 믿었지만 1916년 57세에 하늘나라로 떠났다. 그의 나이 26세에 조선에 와서 31년간 교육과 선교에 헌신하고, 사망 후 다시 돌아와 양화진 외국인 선교사 묘원에 묻혔다.

소년의 꿈

태평양처럼
넓고 넓은 꿈
품었어요.

하늘처럼
높고 높은 꿈
키웠어요.

그 꿈
가꾸고 가꿔

어두운 조선 땅에
무궁화동산
이루었어요.

스크랜튼 모자
메리 플레처 벤튼 스크랜튼(Mary Fletcher Benton Scranton)
1832년~1909년

한국 이름 시란돈. 미국 매사추세츠주 벨처타운에서 태어나 부부 목사였던 부모님의 가르침을 받으며 자랐어요. 스크랜튼은 공립 학교 졸업 후 1853년에 윌리엄 스크랜튼과 결혼하여 아들 윌리엄 벤튼 스크랜튼을 낳았어요. 남편 사망 후 아들을 따라 오하이오에 정착해 여성해외선교사회에서 선교 활동을 시작했어요. 메리 스크랜튼은 조선에 온 최초의 외국인 감리교 여성 선교사였어요. 한국 최초 여성 교육학교인 이화학당(현 이화여대, 이화여고, 이화여자외고) 삼일소학당(매향중학교, 매향여자정보고등학교) 설립했어요. 또 한국 최초 여성 전문병원 보구녀관(현 이대목동병원)을 설립했고, 한국 최초 주일학교와 여선교회를 세웠어요.

• 2009년 국민훈장 무궁화장(대한민국 정부)

윌리엄 벤튼 스크랜튼(William Benton Scranton)
1856년~1922년

한국 이름 시란돈. 미국 코네티컷주 뉴헤이븐에서 아버지 윌리엄 스크랜튼과 어머니 메리 스크랜튼 사이에서 외아들로 태어났어요. 1878년에 예일 대학교, 1882년 뉴욕 의과대학 졸업, 박사학위를 받고 그해 결혼 후 클리블랜드에 병원을 개업했어요. 미국 북감리교회에서 조선에 파송한 첫 번째 감리교 목사이며 의료 선교사예요. 서울 시병원과 남대문병원, 정동병원, 정동여성병원, 상동병원, 여성병원, 정동교회, 아현교회, 상동교회, 동대문교회 등을 설립했어요. 목사이자 독립운동가 전덕기를 비롯한 많은 교회 지도자를 길러냈어요.

2. 조선 여인들을 살린 스크랜튼 모자

1884년에 맥클레이[1] 선교사가 메리 스크랜튼을 찾아왔다.

"이제 조선에 들어가 선교할 수 있게 되었습니다. 조선에는 현대 시설을 갖춘 학교와 병원이 없다고 합니다. 아드님과 조선에 가실 수 있나요?"

"예, 조선에 가고 싶습니다."

메리 스크랜튼은 맥클레이 선교사의 말에 망설이지 않고 대답했다. 해외 선교는 늘 바라던 일이라 당연하다고 여겼다.

"애야, 내가 조선에 들어가 선교하려는데 너도 같이 가면 좋겠어."

일을 마치고 집에 돌아온 아들에게 물었다.

"어머님은 연세가 많아 힘드실 거예요. 저도 병원 개원한 지 2년째이고, 이제 안정되어 잘 운영되고 있어요."

---

1) 맥클레이: 1846년 볼티모어 연회에서 목사 안수 후 미국 개신교 선교사 최초로 아내와 함께 1884년 6월 23일 제물포항에 도착, 그해 7월 3일 김옥균의 통역으로 고종의 선교 윤허를 받아 조선 선교 개척. 2024년은 그가 조선에 온 지 140주년이 되는 해.

"맞아요. 젊은 여성들이 해외에 나가 일해야지요. 저희는 지금 병원 일이 바빠 조선에 가는 건 어려워요."

며느리가 말했다.

"알았다. 우리가 더 기도하며 생각해 보자."

메리 스크랜튼은 실망감을 드러내 놓지 못하고 기도에 마음을 쏟았다.

그런데 무엇 때문인지 아들과 손자가 시름시름 앓기 시작했다.

메리 스크랜튼은 기도하며 아들과 많은 이야기를 나눴다.

"어머니, 조선에 가겠습니다. 이 모든 게 하나님의 뜻이라는 걸 깨달았어요. 어머니께서 조선의 교육과 의료 선교를 간절히 원하시는 이유를 알겠어요."

"저도 가겠습니다. 어머니와 남편의 뜻을 따를게요."

며느리도 마음을 바꾸었다.

1885년이 밝았다. 메리 스크랜튼은 52세의 나이에 조선 선교를 위해 배에 올랐다. 아들과 며느리, 손자들, 온 가족이 손을 잡고 배에 오르니 기뻤다. 스크랜튼 가족은 아펜젤러, 언더우드와 함께 일본 요코하마에 머물다 조선에 도착했다. 그리고 일기장에 이렇게 적었다.

드디어 조선에 도착했다. 미국 감리교 여성 해외선교회에서 아시아 지역의 여성들을 위해 선교사인 나를 이곳 조선에 파견했다. 52세라는 나이로 먼 타국에 오다 보니 두려운 마음도 없지 않았다. 그러나 아펜젤러 가족과 함께 출발한 게 마음에 위안이 되었다.

<메리 스크랜튼의 일기 중에서>

하지만 생각과 달리 조선인들은 메리 스크랜튼의 마음을 이해하지 못하고 대놓고 피했다.

"저 눈 좀 봐. 무서워."

"사람 잡아먹는 푸른 눈의 서양인이야."

지나가던 조선 여자들이 흘깃흘깃 쳐다보며 말했다.

"저는 여러분을 도우러 왔어요. 여자들도 남자들과 똑같은 대접을 받아야지요."

메리 스크랜튼은 대부분의 조선 여자들이 변변한 이름도 없이 아파도 병원에서 치료받지 못한다는 걸 알았다. 서둘러 땅을 사서 초가집 21채를 헐고 1885년에 여자들을 위한 학당을 세웠다.

그리고 아들 윌리엄 스크랜튼은 알렌 선교사를 도와 6주간 제중원에서 일하고 정동에 집 한 채를 마련하여 병원을 세웠다. 남자 환자들이 몰려왔고 1년간 2,000명이 넘는 환자를 혼자서 진료했다.

1887년 어느 날 고종이 윌리엄 스크랜튼을 궁으로 불렀다.

"그대가 가난한 조선 백성에게 무료로 진료한다는 유능한 의사요?"

"예, 폐하. 저는 하나님의 일꾼으로 주어진 일을 하고 있습니다."

"짐이 그대가 운영하는 병원 이름을 시병원이라 부르고 싶소. 그대의 노고에 고마움을 전하오."

"고맙습니다, 폐하!"

윌리엄 스크랜튼은 1888년에 서대문 애오개, 남대문 상동, 동대문

지역에 의료 사업 기구인 진료소를 차렸다. 그곳에 의약품과 성경을 두어 가난한 사람들이 쉽게 치료받을 수 있게 했다. 1889년에 상동병원, 1894년에 상동교회를 세웠다.

하지만 메리 스크랜튼이 세운 학당에는 학생이 한 명도 없었다.

"여자들도 배워야 합니다. 우리 이화학당에 아이들을 보내세요."

메리 스크랜튼이 거리에서 외쳤다.

"여자애를 학교에 보내서 뭘 해요? 살림이나 잘 배워 시집 보내면 돼요."

"남자 선생이 여자애를 가르치다니! 에그, 남세스러워라."

"학생과 교사 사이에 커튼을 치면 얼굴이 안 보일 거예요."

메리 스크랜튼은 부모들을 설득했다.

1886년에 입학생 1명을 받아 학교 문을 열었고, 그 이후 3명이 더 입학했다.

1887년에 고종이 이화학당 학교 이름을 하사했다.

'배꽃같이 순결하고 아름다우며 향기로운 열매를 맺으라'는 뜻이었다. 메리 스크랜튼은 학교 이름이 무척 마음에 들었다.

이화학당에 이어 메리 스크랜튼은 1887년에 조선 최초 여성 전문 병원인 보구녀관을 세웠다. 초대 원장은 미국에서 온 선교사이며 여의사인 메타 하워드가 진료를 시작했다.

"하워드, 잘 부탁합니다. 보구녀관은 널리 여성을 구하는 병원이라는 뜻을 담고 있어요. 남자들이 가는 병원엔 여자들이 갈 수 없어 여성 전문 병원을 세웠어요. 진료비는 무료입니다."

"예, 선교사님!"

"조선에선 여인들을 후손을 얻기 위한 존재로 여긴대요. 임신, 출산을 반복하니 영양실조와 면역력 저하로 질병에 걸린 여인들이 많아요.

그리고 똥으로 농사를 지어 기생충 감염이 심하고, 성병과 콜레라 등 전염병에 쉽게 걸린다는 걸 알게 되었어요."

메리 스크랜튼이 덧붙여 말했다.

"여기 여성들 건강 상태가 심각하군요. 진료에 전념하겠습니다."

메타 하워드는 2년 동안 많은 환자를 진료했다. 그러다 건강을 해쳐 미국으로 돌아갔다. 그의 뒤를 이어 로제타 홀이 여성 환자를 보며 이화학당 학생 5명을 데려와 의료 보조 훈련반을 개설해 의학 과목을 가르쳤다. 그리고 1908년에 간호 교과서를 만들고 간호사를 배출했다.

이화학당은 날로 학생 수가 늘었고, 메리 스크랜튼은 1904년까지 이화학당 교장으로 일했다.

"이제 70세가 넘으셨으니 미국에 돌아가 쉬시는 게 어떨까요?"

주변 사람들이 일을 그만하라고 말렸다.

"나는 여기 내 민족이 사는 조선 땅에서 죽을 거예요."

메리 스크랜튼은 미국으로 가지 않고 수원·여주·이천·천안·홍성 등에서 선교와 교육 활동을 했다. 그러다 1909년 10월 8일 75세 나이에 하늘나라로 떠나 양화진 외국인 선교사 묘원에 잠들었다.

아들 윌리엄 스크랜튼은 어머니에 대해 이렇게 말했다.

"어머님은 심장에 예수님을 모시고 사셨어요. 그런 어머니를 사람들은 최초의 근대 여성 교육의 어머니이며, 교육과 의료로 조선 여인들을 구한 선교사라 부르지요."

　윌리엄 스크랜튼은 가난한 자에게 복음을, 포로 된 자에게 자유를, 억눌린 자에게 해방을, 병든 자에게 건강을, 고통받는 자에게 평안을 몸소 실천했다. 그리고 31년간의 조선에서 선교를 마치고 1922년 3월 세상을 떠났다.

배꽃 학교

길고 긴
매서운 겨울을 보낸
배나무에

솔솔 솔솔
살랑살랑
봄바람이 불어와

한 송이
두 송이
꽃이 피더니

어느새
화들짝 하르르
배꽃 잔치 열렸네.

호머 베절릴 헐버트(Homer Bezaleel Hulbert) 1863년~1949년

한국 이름 헐벗. 미국 버몬트주 뉴헤이븐의 명문가로 아버지는 미들베리 칼리지의 총장을 지낸 목사였어요. 둘째 아들로 태어나 다트머스 대학교 대학원 졸업, 유니언 신학대 졸업 후 목사가 되었고, 감리교 선교사로 나섰어요. 고종의 외교 자문이자 독립운동가, 7개 국어를 하는 언어학자, 한글학자, 역사학자, 아리랑 채집가로 왕성하게 활동했어요. 또한 독립신문 발행을 도운 언론인, YMCA 초대 회장, 출판인, 한성사범학교 책임자로 일했어요. 1889년 뉴욕타임즈에 한글의 우수성과 과학성에 관한 기사를 투고했고, 1892년 한글 논문을 발표했어요. 1900년~1905년 현 경기고등학교 전신 관립중학교 교사, 1903년 뉴욕타임즈 객원 특파원, 1904년 AP 통신 객원 특파원을 지냈어요. 1899년 하퍼스 매거진 잡지에 '한국의 위대한 발명품' 제목으로 한글, 거북선, 현수교(조교), 금속활자, 비격진천뢰(폭탄)을 소개했어요. 세계적인 언론과 잡지에 304편의 기고문을 올려 한국의 문화와 한국인들의 잠재력, 우수성을 전 세계에 알렸어요. 저서로는 『사민필지』, 『헐버트 조선의 혼을 깨우다』, 『말 위에서 본 조선』, 『대한제국 멸망사』, 『마법사 엄지』, 『안개 속의 얼굴』, 『한국사 드라마가 되다』 등 한국 역사와 문화에 관한 20권의 단행본이 있어요.

- 1950년 건국훈장 독립장(대한민국 정부)
- 2013년 7월의 독립운동가(국가보훈부)
- 2014년 금관문화훈장(한글날), (대한민국의 문화훈장)
- 2015년 제1회 서울 아리랑 상 (사)서울아리랑페스티벌조직위원회
- 2022년 광복 77주년 기념 '대한 독립에 헌신한 외국인' 기념 우표 64만장 발행(과학기술정보통신부 우정사업본부)

3. 조선과 한글을 사랑한 헐버트

1882년 조미 수호 통상 조약[1]을 체결한 후였다.

"조선에서 영어와 근대식 교육을 담당할 교사를 구한다더라."

"아버지, 제가 가겠습니다."

헐버트는 망설이지 않고 대답했다.

"어려운 일이야. 목숨이 위태로워질 수도 있어."

"예, 저도 잘 알아요. 기도하며 준비하겠습니다."

아들의 큰 꿈을 알게 된 아버지는 아들을 대견하게 여겼다.

헐버트는 대학 졸업 후 신학을 공부하는 틈틈이 조선과 동아시아를 공부했다.

드디어 헐버트는 1886년 조선으로 가는 배에 올라 앞으로 해야 할 일을 생각했다.

---

1) 조미 수호 통상 조약: 1882년(고종 19년)에 조선과 미합중국 사이에 체결된 수교 조약으로 서양 국가와 맺은 최초의 조약.

'육영공원은 고종이 세운 조선 최초 근대식 공립 학교라지. 조선 학생들에게 영어를 가르치고, 지구상에 얼마나 많은 나라가 있는지 알게 할 거야. 세계가 얼마나 넓은지 알면 깜짝 놀라겠지. 나의 발걸음을 조선으로 향하게 하신 이유가 분명히 있어.'

헐버트는 조선에 입국한 지 4일 만에 한글을 읽고 썼으며 1주일 만에 한글의 위대성을 알게 되었다.

"한글은 배우기 쉬운 훌륭한 글자야. 영어와 지리를 잘 가르칠 수 있겠어."

헐버트는 육영공원에서 영어 교사로 학생들을 가르쳤다.

하루는 고종이 육영공원 학생들을 궁으로 불렀다.

"너희가 영어 공부를 얼마나 잘했는지 내가 영어로 말할 테니 받아 적어 보아라."

고종이 영어로 문장을 읽어 내려갔다.

'고종은 영어를 못하는데 어떻게 읽으신다는 거야?'

헐버트는 깜짝 놀라 눈이 커졌다.

나중에 시험 문제지를 보고 알게 되었다. 고종이 영어 문장 밑에 발음기호 없이 한글로 적은 발음 표기만 보고 읽었던 거였다. 발음을 한글로 적을 수 있는 게 놀라웠다. 그만큼 훌륭한 글자라는 증거였다.

1889년 헐버트가 조선에 입국한 지 3년 만에 최초의 한글 세계지리

책 사민필지[2]를 펴내 육영공원 교과서로 사용했다. 그리고 학생들에게 한글의 우수성을 강조했다.

"여러분, 한글은 전 세계에서 가장 뛰어난 글자입니다. 조선의 양반들은 어려운 한자 쓰기를 고집합니다. 왜 한글을 우습게 여기고 쓰지 않는지 이해가 안 갑니다. 여러분은 한글 공부를 열심히 하세요."

26세 헐버트는 조선의 역사도 연구했다.

"세계 최초 금속 활자는 독일의 구텐베르크가 아니야. 200년이나 앞선 고려에서 발명된 거였어. 이 사실을 세계에 알리면 모두 깜짝 놀랄 거야. 징비록을 보면 현수교(조교)는 1593년 임진왜란 때 칡넝쿨로 류성룡이 만들었어. 그뿐 아니라 조선인들은 힘들고 슬퍼도, 즐거워도 아리랑 노래를 불러. 감성이 뛰어난 사람들이니 어둠에서 깨어나면 세상을 지배하겠군. 악보가 없으니 악보를 만들어 후대에 남겨야겠어."

헐버트는 구전으로만 전해지는 아리랑과 시조 청산아, 경기민요 군밤타령에 음계를 붙여 소개했다.

1891년 조선 정부가 재정상 문제로 육영학원을 축소 운영하자, 의욕

---

2) 사면필지: 저자 헐버트. 세계지리서로 태양계와 지구에 관한 설명과 각 나라의 지리, 자연 상태, 정부 형태, 풍습, 종교, 산업, 교육, 군사력 등 포함 2권 1책, 161쪽으로 구성.

을 잃은 헐버트는 교사직을 사임하고 미국으로 돌아갔다.

'언젠가 또 조선에 갈 테야. 내 머릿속엔 한글로 꽉 찼어. 풀어내야 시원하겠어.'

자나 깨나 조선 생각뿐이었다.

"여보, 조선인들이 보고 싶어요. 내 형제자매 같아요. 나는 다시 조선으로 가고 싶어요. 당신 생각은 어떤가요?"

헐버트가 아내에게 물었다.

"당신이 가는 곳이면 저도 따라갈게요."

"미안해요. 첫째 아들을 두 살 때 그곳에서 잃었는데 속상하지요? 음식과 기후도 맞지 않아 힘들다는 걸 잘 알아요. 하지만 내 마음을 어쩔 수 없어요."

"이젠 괜찮아요. 아픔과 슬픔을 하나님이 가져가셨어요."

"고마워요."

헐버트는 1893년 10월 13일 감리교 선교사로 조선에 다시 입국해 감리교 소속 삼문출판사 책임을 맡아 일하게 되었다. 그리고 배재학당에서 학생들을 가르쳤는데 서재필, 이승만, 주시경 등이 그의 제자가 되었다.

"영문 월간지 한국 소식을 다시 펴낼 거예요. 또 게일 선교사 부부가 번역한 존 번연의 소설 천로역정을 최초의 한글

로 출판할 거예요. 한글 로마자 표기법도 고안할 거고요."

헐버트가 부임한 지 1년여 만에 종교 서적 1백만여 면을 인쇄했다.

1895년 10월 8일 을미사변이 일어났다.

"일제가 조선을 침략해 빼앗으려는 것입니다. 조선 땅에서 일본인들을 몰아내야 합니다. 어찌 조선의 왕비를 살해하고 불에 태운단 말이오! 일제의 악행을 세계 여러 나라에 알릴 것입니다. 우리가 고종이 편안히 주무시도록 방문 앞을 지킵시다."

헐버트는 언더우드와 에비슨 선교사와 함께 고종의 침전에서 불침번을 섰다.

1896년 4월에는 서재필, 주시경 등과 조선 최초 민간 신문인 독립신문을 한글과 영문판으로 삼문출판사에서 인쇄했다.

"한글은 참 좋은 글인데 글자를 붙여 쓰니 뜻이 달라져요. 읽으려면 숨이 차고 불편합니다. 한 문장이 끝나면 끝났다고 표시를 하는 게 좋겠는데

어떻게 생각합니까? 윤치호 선생에게 띄어쓰기에 대해 들었습니다."

헐버트가 제자인 주시경에게 물었다.

"예, 선생님! 저도 그 점을 연구해야 한다고 여겼습니다."

두 사람은 띄어쓰기, 마침표와 쉼표를 도입하고, 1907년에 고종에게 건의해 학부(교육행정을 관장하는 관청) 안에 한글 연구 기관인 국문연구소를 설치했다.

한편 고종은 1897년에 국호를 대한제국으로 선포했다.

헐버트는 1901년부터 영문 월간지 한국 소식을 발행하고, 볼드윈 교회(현 동대문교회)에서 담임목사로 하나님 말씀을 전했다.

"여보, 쉬면서 일하세요. 그러다가 쓰러지겠어요."

아내가 걱정스레 말했다.

"괜찮아요. 일할 수 있을 때 열심히 일해야 합니다. 이 나라 백성들은 어둠에서 깨어나야 살 수 있습니다. 걱정하지 마세요."

1905년 일제가 조선의 외교권을 박탈하기 위해 강제로 체결한 을사늑약이 일어나자 고종이 헐버트를 불렀다.

"헐버트, 짐은 이 나라가 걱정돼 잠을 이룰 수 없소. 외교권을 빼앗겨 내가 할 수 있는 일이 없으니 어쩌면 좋소? 짐이 그대에게 전권을 주겠으니 도와주시오."

"예, 폐하. 을사늑약은 불법이니 무효입니다. 대한제국의 자주독립

을 국제 사회에 알리겠습니다. 제2의 조국을 위해 싸우겠습니다."

"고맙소. 그대를 특사로 임명하오."

헐버트는 네덜란드 헤이그로 갈 준비를 서둘렀다.

이준, 이상설, 이위종도 고종의 밀서를 받고 헤이그 특사로 파견됐다. 특사들이 일제의 감시에 벗어나 헤이그에 무사히 도착했다. 제4의 특사인 헐버트의 조력 덕분이었다. 하지만 일제의 훼방으로 회의장에 입장하지 못했다. 그 일로 일제는 헐버트를 대한제국에서 추방했다.

"나는 절대로 포기하지 않을 거야. 끝까지 투쟁할 것이다. 어디에 있든 대한제국의 자주독립을 위해 최선을 다할 것이다."

헐버트는 두 주먹을 불끈 쥐고 외쳤다.

그 후 미국 전역을 다니며 회의와 강좌에서 일제의 침략을 규탄하고, 전 세계에 대한제국의 분리 독립에 대해 글을 썼다.

또한 김규식과 여운홍을 파리강화회의에 특사로 파견해 독립청원서를 제출했다. 대한민국 임시정부는 제2차 세계 대전이 끝나고 1945년 8월 15일 광복절을 맞아 독립했고, 1948년에 대한민국이 수립되었다.

대한민국 정부가 미국에 거주하는 헐버트에게 광복절 행사에 참석해 달라는 초청장을 보냈다.

헐버트는 샌프란시스코에서 기자를 만났다.

"떠난 지 40년 만에 한국 방문을 앞두고 있는데 기분이 어떠한지요? 86세인데 마지막 소망이 있으신가요?"

"대한민국의 광복을 간절히 바라던 사람입니다. 지금 매우 기쁘고 행복합니다. 나는 웨스트민스터 사원보다 한국 땅에 묻히기를 원합니다."

헐버트는 환한 얼굴로 대답했다.

1949년 7월 29일, 헐버트는 인천 제물포항에 내려 한국 땅을 다시 밟았다. 배를 탄 지 30여 일이 지나서였다. 하지만 도착한 지 1주일 만에 청량리 위생병원에서 하늘나라로 떠났다. 그해 8월 11일에 한국 최초 외국인 사회장으로 영결식이 치러졌다. 헐버트는 지금 양화진 외국인 선교사 묘원에 묻혀 편안히 잠들어 있다.

어둠을 밝히는 등불이 되어

어둠을 깨치면
오래지 않아 한국은
세계에 우뚝 설 것이다!
작은 등불 하나 켠
헐버트

한국인이라면
그를 하루도
잊으면 안 된다고 했던
안중근 의사의
말씀 받들어 기억하니

기억 저편
황무지에 떨어진
그의 눈물과 땀방울이
커다란 등불로 켜져
환히 밝히고 있어요.

로버트 그리어슨(Robert Grierson) 1868년~1965년

한국 이름 구예선. 캐나다 노바 스코셔주 헬리팩스에서 태어났으며, 헬리팩스 아카데미를 거쳐 1890년 달하우지대학교와 1893년 파인 힐신학교를 졸업했어요. 달마우지대학 졸업반 때 해외선교를 위한 학생자원운동에 참여해 선교사가 되기로 결심했어요. 1897년 달하우지 의과대학 졸업 후 의사가 되었고 1898년 목사 안수를 받았어요. 1897년 선교사로 임명받고 결혼하여 1898년 9월 7일 캐나다장로회 선교사로 부인과 함께 대한제국에 왔어요. 1899년 2월 함경남도 원산을 중심으로 함경도지역 선교를 담당했으며, 1901년 5월 함경북도 성진에 선교지부와 진료소를 설치했어요. 이 진료소는 1916년 제동병원으로 발전했어요.

1919년 7월에 안식년을 맞아 가족과 함께 캐나다로 귀국했다가 1921년 3월 세 딸과 대한민국에 돌아왔어요. 그해 4월에 성진 제동병원에서 성대한 환영회를 열었어요. 그리어슨과 딸들은 성진선교지부에서 활동했으며 같은 해 10월 회령·성진·해삼위를 관장하는 함북노회 부노회장에 임명되었어요. 1935년 정년퇴임 후 캐나다로 돌아가 토론토에서 지냈으며 1965년 98세에 하늘나라로 떠났어요.

• 1968년 건국훈장 독립장(대한민국 정부)
• 2021년 9월의 독립운동가(국가보훈부)

4. 수술칼과 펜을 들고 싸운 그리어슨

"함경북도 성진에 오심을 환영해요."

그리어슨이 캐나다에서 온 아버지를 껴안았다.

"반갑다, 내 아들. 네가 교회와 병원, 집을 짓고 의료 선교를 한다는데 도와야지."

"고맙습니다, 아버님!"

그리어슨의 아내가 말했다.

"이웃을 사랑하는 일이라면 무슨 일이든 못 할까."

목수였던 아버지가 건물을 크게 지었다. 서재에서 성경을 판매하고, 방 한 칸은 환자를 진료하는 진료실로 만들었다.

병원에 환자가 많아져 복잡해졌고, 언더우드가 그리어슨을 찾아왔다.

"병원이 비좁다는 얘길 들었어요. 병원을 새로 지어야겠군요. 내가 여러 선교 단체의 지원을 받도록 노력할게요."

언더우드는 늘 용기를 주는 말을 했다.

그리어슨은 1902년에 병원을 크게 짓고 제동병원이라 명명했다.

제동병원은 원산에서 블라디보스토크까지 수술이 가능한 오직 한 곳밖에 없는 병원이었다. 그래서 늘 환자가 끊이지 않고 많았다. 그중에는 글을 배우지 못하는 아이들이 많았다.

"여보, 학교를 지어 아이들을 가르쳐야겠어요."

그리어슨은 아내의 손을 잡고 말했다.

"저도 그 생각했어요. 아이들이 가여워요. 저도 여학교를 세워 학생들을 가르치고 싶어요."

"나는 보신학교, 당신은 보신여학교를 세우면 되겠어요. 하하!"

그리어슨은 1903년쯤에 건물을 짓고 교실 4개를 만들어 기쁜 마음으로 학생들을 가르쳤다.

그는 보신학교 교장으로 일했고, 아내는 보신여학교에서 여학생들을 가르쳤다.

1908년 어느 날, 그리어슨은 원덕리교회 장로 아들의 결혼 주례를 맡게 되었다. 결혼식 날 교회에 도착해 먼 길을 달려 지친 말을 묶어 놓고 결혼식이 열리는 신부의 집으로 향했다. 결혼식이 끝날 무렵이었다.

"선교사님, 큰일 났어요. 빨리 가보셔야겠어요. 일본군이 말들을 때리고 함부로 다루고 있어요."

그리어슨은 주례를 마치고 서둘러 교회에 갔다. 일본인 병사 4명이 두 마리의 말을 때리고 번갈아가며 타고 있는 게 보였다. 화가 머리끝까지 치밀었다.

"에잇, 왜 내 말을 함부로 타는 것이오! 당장 내려오시오!"

그리어슨이 병사를 말에서 끌어내 채찍을 휘둘렀다. 채찍에 머리를 맞은 병사가 피를 흘렸다. 그래도 분이 안 풀렸다. 그리어슨은 일제 헌병대 사무실을 찾아가 호통을 쳤다.

"헌병대 병사의 잘못을 사과받아야겠소."

"왜 우리가 사과합니까? 우리 병사가 다쳤습니다."

"내 허락도 없이 지친 말을 함부로 때리고 탔소."

헌병 대장이 부하를 시켜 그리어슨을 체포하려 했다.

"뭐 하는 짓이오? 이러고도 무사할 것 같소?"

그리어슨은 헌병 대장을 노려봤다.

이튿날 헌병 대장은 잔치를 베풀고 그리어슨을 초대해 사과했다.

"우리 병사의 잘못입니다. 너그럽게 용서해 주세요."

"다시는 그런 일이 없도록 주의하시오. 지켜보겠소이다."

이처럼 그리어슨은 못된 일본인은 미워했지만, 독립운동가에게는 늘 친절했고 도움을 손길을 폈다.

1909년 어느 날 이동휘[1]가 고향인 함경도 여러 곳을 다니다가 그리어슨을 찾아왔다.

"선교사님, 저를 캐나다 선교 구역 내 설교자로 써주세요."

"선생님, 선교부에서 일할 사람들 월급을 일 년 전에 정해놓아 자리가 없어요. 지금은 성경을 나눠주거나, 성경을 팔고 전도하는 자리밖에 없어요."

"괜찮습니다. 그 일을 하겠습니다."

이동휘는 허름한 옷에 짚신을 신고, 성경 보따리를 등에 짊어지고 길을 떠났다.

그리어슨의 도움으로 이동휘가 가는 곳에 사람이 몰렸고, 함경도에 많은 교회와 학교가 세워졌다.

---

[1] 이동휘: 1873년~1935년. 함경도 단천군 출생. 대한제국의 육군 장교 출신으로 의병 운동을 이끈 기독교인 전도사. 독립운동가로 1919년 대한민국 임시정부의 국무총리, 1995년 건국훈장 대통령장 수여.(대한민국 정부)

또한 제동병원은 1909년에 100명의 입원 환자를 치료하였고, 1,743명의 외래 환자를 진료하는 병원으로 빠르게 성장했다.

1919년 3·1운동 소식에 성진에서 활동하는 기독교인 민족지도자들이 그리어슨을 찾아왔다.

"선교사님, 저희도 3월 10일에 만세 운동을 펼치려고 합니다. 여긴 외국인이 거주하는 지역이라 가능하겠지요?"

"예, 무슨 일이든 돕겠습니다. 병원 앞에서 하세요."

"고맙습니다, 선교사님!"

제동병원 앞에서 민족주의자 기독교인들이 독립 선언문을 낭독하고 만세를 외쳤다.

"대한 독립 만세! 대한 독립 만세! 대한 독립 만세!"

그러자 시위대를 지켜보던 일본군 대장이 소리쳤다.

"발포하라! 사람들을 잡아라! 한 놈도 놓치지 마라!"

일본 군대와 경찰들이 시위대를 향해 총을 쏘았다.

"으악! 으악! 욱!"

사람들은 총에 맞아 피를 흘리며 쓰러졌다.

"빨리 수술실로 옮겨요!"

그리어슨은 최선을 다해 다친 사람들을 살려냈다. 그리고 치료받은 사람들은 나라를 위해 다시 일어나 싸웠다.

그리어슨은 예배 시간도 아닌데 교회 종을 쳤다.

댕! 댕! 댕!

"여보, 교회 종은 왜 치시는 거예요?"

아내가 물었다.

"일본 경찰에게 붙잡혀 간 우리 성도들이 많잖아요. 죄 없이 감옥에 갇혀있으니 얼마나 답답하겠어요? 종소리 듣고 기도하며 용기를 내었으면 해서요."

"그러셨군요. 제가 음식을 많이 준비할게요. 내일 저랑 감옥에 찾아가 사람들을 만나요."

"고마워요, 여보. 성경책도 넣어줘야겠어요."

그리어슨 부부는 자녀를 대하듯 사람들을 보살피고 도왔다.

그리고 1935년에 은퇴하고 캐나다로 귀국할 때까지 37년간 대한민국 사람들을 아끼고, 사랑하고 헌신했다.

사랑의 종

땡! 땡! 땡!
땡! 땡! 땡!

용기가 사라지고
두려움이 짓누를 때
들려오는 종소리

슬프고 괴로워
눈물 흘릴 때
들려오는 종소리

어두운 밤
길 잃어 헤맬 때
들려오는 종소리

그가 친 희망의 종소리
지금도 귓가에 맴돌아요.

로제타 셔우드 홀 (Rosetta Sherwood Hall) 1865년~1951년

한국 이름 허을. 미국 뉴욕주 리버티에서 태어났으며, 1889년 3월에 세계 최초로(1850년) 설립된 미국 펜실베니아 여자의과대학(현 필라델피아 드렉설대학교의과대학)을 졸업했어요. 1890년 25세에 미국 감리교 여성 해외선교회 소속 의료 선교사로 조선에 입국했어요. 조선 최초의 여성병원인 보구녀관(현 이화여자대학교 의료원) 2대 책임자로 일했어요.

평양에 여성치료소 광혜여원과 맹학교인 평양여맹학교를 설립하고 농아학교를 세워 우리나라 특수교육 기반을 닦았어요. 1921년에 인천 최초의 여성병원인 제물포부인병원(현 인천기독병원)을 세웠어요. 고려대학교 의과대학의 전신인 조선여자의학강습소를 개설해 여의사 양성에도 힘썼어요. 캐나다 선교사 윌리엄 홀과 결혼하여 셔우드 홀과 이디스 마가렛 홀을 낳았어요. 어머니의 뒤를 이어 아들 셔우드 홀과 며느리 매리언도 조선 결핵 퇴치에 힘썼으며, 2대에 걸쳐 조선에서 의료 봉사 활동을 펼쳤어요. 현재 로제타 홀과 제임스 홀, 아들과 며느리 모두 양화진 외국인 선교사 묘원에 잠들어 있어요.

• 2024년 국민훈장 모란장(대한민국 정부)

5. 가난한 여인들과 장애인의 친구 홀

인생의 새로운 단계에 진입하기 시작했다. 나는 이제 집과 사랑하는 이들 그리고 그동안의 관계에서 멀어져 멀리 이방인의 나라로 간다. 모르는 언어, 낯선 땅으로 가지만 나는 내 일을 사랑하고 그들을 사랑할 것이다.

<1880년 8월 23일 로제타 홀의 일기 중에서>

1890년 로제타 홀이 탄 S.S 오세아닉 호가 40여 일의 긴 여행 끝에 조선에 도착했다. 로제타 홀은 조선의 첫인상을 이렇게 기록했다.

조선 사람들은 머리부터 발끝까지 흰옷을 입고 있어서 마치 그림처럼 보인다. 우리는 남자들만 볼 수 있었는데 여자들은 해가 지고 남자들이 집에 들어온 뒤에야 밖에 나올 수 있다.

<1890년 10월 10일 로제타 홀의 두루마리 일기 중에서>

로제타 홀은 조선에 도착한 이튿날부터 보구녀관에 입원한 환자들을 보살폈다.

"선교사님, 병실은 다섯 개이고 바닥이 따뜻한 온돌이에요."

간호사가 설명했다.

"아! 좋아요. 훌륭해요."

로제타 홀은 병실을 둘러보며 감탄했다.

창고와 잘 갖춰진 약제실, 환자 대기실, 세척실, 대기실과 약제실은 햇빛이 잘 들어 수술실로 쓰면 좋겠다고 생각했다.

하루는 성 바깥에서 사는 가난하고 아픈 막노동꾼 아내의 집을 찾아갔다. 환자는 지푸라기를 엮어 간 바닥에서 거친 작은 면 이불을 덮고 누워있었다.

'가슴이 너무 아파 공포가 느껴져. 성 바깥에 진료소 한 개를 더 개설해야겠어.'

로제타 홀은 결심했다.

하지만 보구녀관의 무료 진료는 평탄지 않았다.

"환자가 한 명도 없네요. 아프면 밤낮 가리지 말고 병원에 와야 하는데 왜 오지 않을까요?"

로제타 홀이 창밖을 내다보며 물었다.

"조선 여자들은 오전 10시 전에 아침을 먹지 않아요. 낮에는 집 안에서 나오지 않고요."

간호사가 대답했다.

"알긴 했지만 이 정도인 줄 몰랐어요. 밤에 성 바깥에 나가 진료해야겠군요."

로제타 홀은 낮에는 보구녀관에서 진료하고 저녁이나 밤에는 성 밖으로 나가 진료했다.

하루는 환자가 대기실에서 진료실로 들어오지 않았다.

"환자를 불러주세요."

"선교사님, 안 들어와요. 진료실에 남자 의사가 있어서 그래요."

간호사가 당연하다는 듯 말했다.

"정말이에요?"

"네, 조선에선 여자가 낯선 남자와 같은 공간에 있으면 안 돼요. 유능한 남자 의사가 있어도, 아무리 부잣집 여자라도 치료받을 수 없어요."

"세상에! 알았어요."

로제타 홀은 같이 근무하는 남자 의사를 진료실에서 내보내고 여자 환자를 진료했다.

바쁘게 보내던 11월이었다. 시골에서 올라온 열여섯 살 소녀가 보구녀관을 찾아왔다. 소녀는 화상을 입어 손가락 세 개가 손바닥에 엉겨 붙어있었다.

"내가 수술해서 고쳐줄게요."

소녀는 무표정한 얼굴로 고개를 끄덕였다.

수술을 성공리에 마치고 1개월이 지났다. 잘 아물던 소녀의 손이 속살이 훤히 드러날 정도로 피부가 떨어져 나가 있었다. 로제타 홀은 소녀의 손을 깨끗하게 치료해 주고 싶은 마음이 간절해졌다.

'내 팔에서 피부 세 조각을 떼어내 소녀의 피부에 이식해 주어야겠어.'
로제타 홀은 간절한 마음으로 기도하며 피부 이식 수술을 잘 마쳤다.
그 소문이 널리 퍼졌고, 많은 사람이 로제타 홀을 찾아왔다.
하지만 조선에 예수 전도 금지령이 내려졌고 흉한 소문이 퍼졌다.
"이봐요, 서양 선교사인지 뭔지가 애들을 잡아가 눈알을 뽑아 약으로 쓴대요."
"뭐라고요? 참말이오?"
"그렇다니까요. 아이들을 잡아 칼로 배를 열고 들여다본대요. 그뿐 아니라 미국에 노예로 판대요."

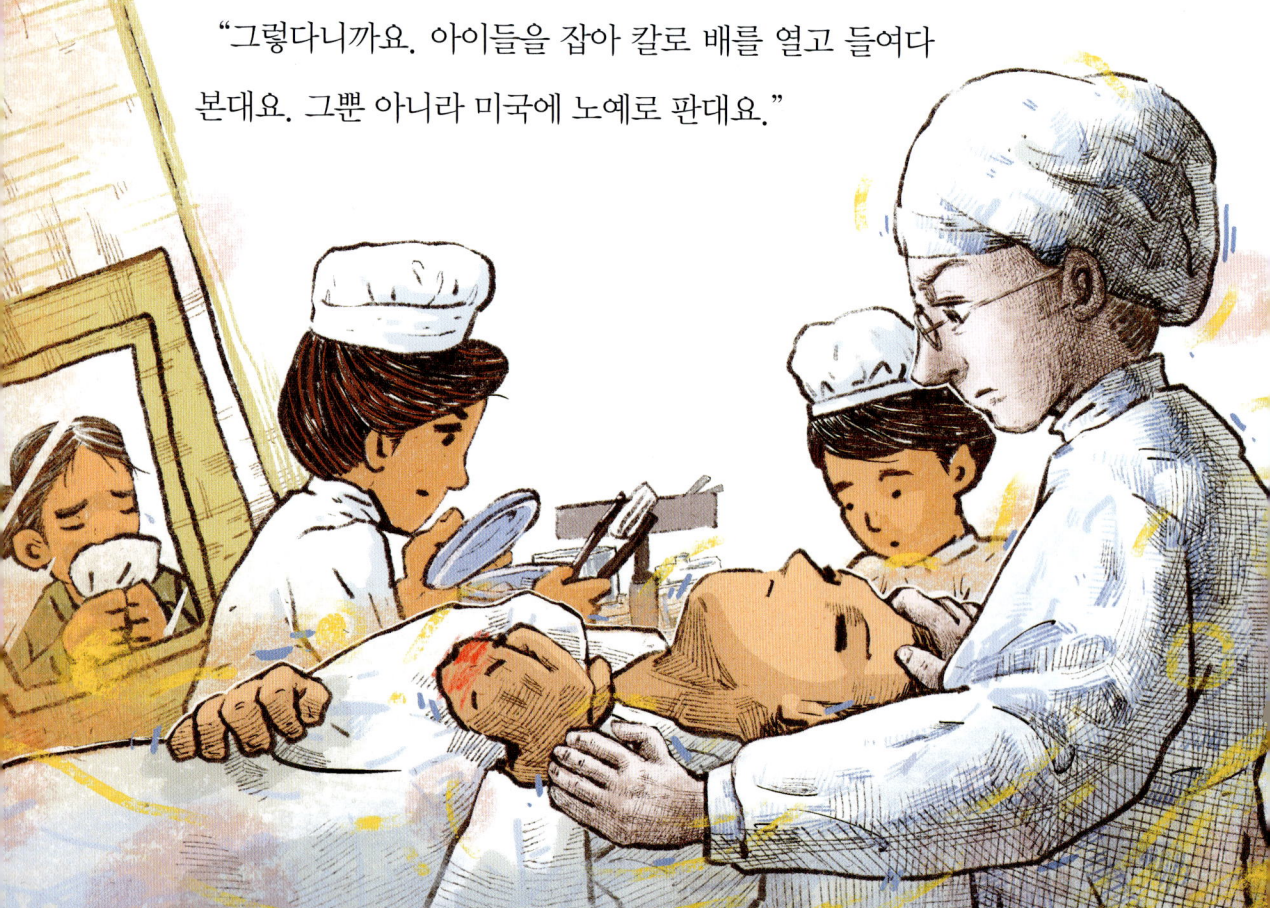

조선 사람들은 선교사들에게 욕을 하고, 돌을 던지고 폭력을 행사했다.

아무리 그래도 로제타 홀은 포기하지 않았다.

"저들이 나를 미워해도 상관없어. 내게 치료받으러 오는 환자들은 대부분 가난해. 그리고 상류층 여성들도 대낮에 거리를 다닐 수 없어 진료를 못 받는 거야. 나는 밤에도 병원문을 열어 어떤 계층의 여자 환자라도 꼭 치료받을 수 있도록 하고 싶어."

로제타 홀은 혼잣말을 일기장에 기록했다. 자신의 소원이 이루어지길 바라며 간절히 기도했다.

그리고 자주 사대문 성벽 밑이나, 성벽 변두리에서 거적을 덮고 지내는 사람들을 치료했다. 그들은 대부분 시골에서 올라온 사람들이었다. 뉴욕의 빈민가를 돌며 환자들을 돌보았듯이 가난한 이들을 위한 진료를 멈추지 않고 계속 이어갔다.

하루는 진료받은 환자가 보자기에 싼 물건을 로제타 홀 앞에 놓았다.

"늘 고맙소. 선교사 양반."

로제타 홀이 거절해도 환자는 한사코 받기를 바라며 선물을 내밀었다.

놀랍게도 보자기 안에는 감, 밤 달걀 꾸러미가 들어있었다. 진심으로 고마워하는 마음이 담겨 있어서 더는 거절할 수 없었다.

"잘 먹을게요. 감사해요."

어떤 환자는 수탉 한 마리와 암탉 세 마리도 주었다.

형편이 되는 사람들은 무언가를 선물로 주며 고마움을 전했다. 이들의 따뜻한 마음이 전해져 기쁘고 행복했다.

'조선에도 조선 여인들을 치료하는 여의사가 있어야 해.'

로제타 홀은 이화학당 출신 중에 여의사로 키워낼 학생을 헤아려보았다.

이 아이가 따라준다면 내가 아는 모든 것을 가르치고 싶고, 아마도 때가 되면 이 아이를 미국으로 보내 학위를 따게 할 수 있을 거로 생각한다. 이 나라 풍습으로 이 아이가 병원을 개업할 수 있을 것 같지 않지만, 우리 병원에서 일한다면 그녀를 발전시키고 다른 이들을 교육하는 데 도움이 될 것이다.

<1891년 3월 29일 로제타 홀의 일기 중에서>

평양에서 병원 문을 여신다면 가야지요. 선생님과 함께라면 평양이든 의주든 어디든지 가겠어요.

<1892년 김점동(박에스더)[1]이 로제타 홀에게 쓴 편지 중에서>

---

1) 김점동(박에스더): 1877년~1910년. 한국 최초의 여성 의사로 서재필의 뒤를 이어 2번째 한국 출신 의사. 미국 볼티모어 의과대학 최연소 입학자이고, 결혼 후 남편의 성을 따라 박에스더가 됨.

1892년 로제타 홀은 조선에서 선교사 제임스 홀과 결혼했다. 신혼의 단꿈도 잠시 1894년 청일전쟁이 일어났다. 남편 제임스 홀은 가족을 한양에 두고 평양으로 향했다. 그곳에서 부상병을 돌보다가 발진티푸스에 걸려 한양으로 돌아왔다. 남편의 얼굴은 살았다 할 수 없을 정도로 몹시 야위고 핼쑥했다. 로제타 홀은 눈물을 삼키고 자신의 배를 쓰다듬었다. 뱃속에는 아기가 자라고 있었다.

"여보, 내가 평양에… 간 것을… 원망하지 말아요."

제임스 홀은 슬픈 눈으로 로제타 홀을 바라보며 띄엄띄엄 말했다.

"그렇게 할게요. 걱정하지 마세요."

"나는…주님을 위해…기꺼이 평양에…갔어요. 그분께서…그 뜻을 다…헤아려주실…거예요."

제임스 홀은 마지막 말을 힘겹게 이어갔다.

로제타 홀은 안간힘을 쓰며 울음소리가 새어 나오지 않게 울음을 참아야만 했다. 아무리 애를 써도 베개는 눈물로 젖었다. 그리고 한 번도 하지 않았던 자신을 위한 애원의 기도를 드렸다. 사랑하는 남편을 데려가지 말라고.

하지만 평양 선교의 개척자이며 고아들의 친구였던 제임스 홀은, 결혼한 지 5년 만인 35세에 하늘나라로 떠났다. 로제타 홀은 남편이 떠난 후 딸아이를 낳았다.

그런데 그 아기가 5살이 되던 해에 그녀 앞에서 세균성 이질에 걸려 죽어가고 있었다.

> 체온 41도, 숨이 가쁘고 힘들어했다. 잠시 후 호흡의 간격이 점점 길어졌다. 눈을 크게 뜨고 엄마를 바라본 채 작은 영혼이 서서히 떠나갔다. 그렇게 그 아이는 세상에 보내주신 그분에게로 다시 돌아갔다.
> <1899년 1월 18일 로제타 홀의 일기 중에서>

로제타 홀은 일기장에 한글로 삐뚤빼뚤하게 썼다.

예수여 도와주쇼셔. 어둡고 길 모로니 나를 도와주쇼셔.

로제타 홀은 주저앉지 않고 용기를 내어 일어섰다. 온갖 역경에 굴하지 않으리라 다짐했다.
 '사나 죽으나 우리가 주의 것이로다.'(로마서 14장 8절)
 로제타 홀은 고난 속에서도 40여 년간 의료와 교육 선교를 마치고 1934년 미국으로 돌아갔다. 그곳에서 남편과 딸이 묻혀 있는 한국 땅에 묻어달라는 유언을 남기고 1951년에 하늘나라로 떠났다.

하늘에 띄우는 편지

마음으로 쓴
맑디맑은 기도

눈물로 쓴
어머니의 기도

새털구름에 실어
띄우니

둥실둥실 두둥실
높이 높이 떠올라

하늘나라에 닿아
소망 이뤘어요.

이사벨라 멘지스(Isabella Menzies) 1856년~1935년

한국 이름 민지사. 호주 빅토리아주 발라렛에서 10남매 중 맏딸로 태어났어요. 14살에 아버지가 돌아가시고 어머니의 사랑과 기도로 자랐어요. 공립학교와 사립 신학교를 졸업 후 1891년 10월 12일 34세에 호주 선교사로 부산에 도착했어요. 1893년 미오라고아원 설립, 1895년 부산, 경상남도 지역 최초의 근대 여성 교육기관인 일신여학교를 설립해 초대 교장이 되었어요. 학생들에게 자유·평등·주체 의식을 높이 북돋아 줬어요. 1919년 3월 3·1운동 무렵 일신여학교 기숙사 사감으로 일했고, 1924년까지 30여 년간 대한민국에 몸과 마음을 바쳐 헌신했어요.

- 2022년 건국포장(대한민국 정부)
- 2024년 3월의 독립운동가(국가보훈부)

마가렛 샌더먼 데이비스(Magaret Sandeman Davies)
1887년~1963년

한국 이름 대마가례. 호주 빅토리아주 알란스포드에서 태어났어요. 멜버른의 장로회여자대학을 졸업, 멜버른대학 문학부와 부속 사범과에서 2년간 공부하고 1910년 문학사 학위를 받았어요. 1910년 12월 2일 호주 장로회 여 선교사회 연합회 선교사로 파송 받아 부산에 왔어요. 1911년 12월부터 1914년까지 시원여학교 교장, 주일학교 등을 운영하였으며 1916년부터 일신여학교 교장으로 일했어요.

- 2022년 건국훈장 애족장(대한민국 정부)
- 2024년 3월 독립운동가(국가보훈부)

데이지 호킹(Daisy Hocking) 1888년~1971년

한국 이름 허대시. 호주 빅토리아주 벨라린에서 태어났어요. 1914년 9월 26세에 디커니스 훈련소에 들어가 18개월 동안 선교사 교육을 마치고, 1916년 3월 선교사로 대한민국에 들어왔어요. 부산 선교부에서 한글을 배우고, 1917년 마산 선교부로 옮겨 비기독교 가정의 어린이들을 돌보았어요. 부산에서 3년 동안 여성 교육과 전도, 어린이 성경학교와 주일학교를 운영했어요. 1919년 3월 3·1운동 무렵 일신여학교 교사로 학생들을 가르쳤어요.

- 2022년 건국포장(대한민국 정부)
- 2024년 3월의 독립운동가(국가보훈부)

톡톡 알림 | 1919년 3월 11일 일신여학교 만세 시위의 뒤를 이어 12일 마산, 13일 동래 창녕 밀양에서 만세 운동이 일어났어요. 14일 통영과 의령, 18일 하동·합천·진주, 19일 함안, 20일에는 거창·산청에서 만세 운동이 횃불처럼 일어났어요. 21일 사천, 24일 창원, 28일 함양, 30일 고성, 31일 김해에서 연이어 독립 만세 시위가 대대적으로 벌어졌어요. 이처럼 대한의 딸들은 나라를 위해 몸과 마음을 다해 독립운동을 펼쳤어요.

6. 호주에서 온 엄마 멘지스·데이비스·호킹

멘지스는 1893년 부산진 좌천동에 집 한 채를 사서 선교 활동을 시작했다.

늘 그랬던 것처럼 주먹밥을 만들어 사람이 많이 모이는 시장에 갔다. 멘지스의 눈에 꾀죄죄한 옷을 입고 거리를 헤매는 아이가 들어왔다.

"얘야, 누굴 찾니? 엄마를 잃어버렸니?"

"아니요, 배고파요."

8세쯤 돼 보이는 아이의 얼굴은 콧물과 눈물로 얼룩져있었다. 눈을 휑하니 들어가 있고, 손은 며칠 채 안 씻었는지 더러웠다. 멘지스는 아이를 개울가에 데려가 얼굴과 손을 씻겼다.

"자, 이거 먹어. 주먹밥이야."

아이는 허겁지겁 밥을 삼켰다.

"천천히 먹어. 더 줄게."

멘지스는 아이가 먹는 걸 지켜보고는 발걸음을 다른 데로 향했다.

그런데 주먹밥을 먹은 아이가 졸졸 따라왔다.

"집에 가야지?"

"집에 아무도 없어요. 엄마 아빠는 콜레라로 돌아가셨어요."
"저런, 가엾어라. 나랑 우리 집에 갈까?"
"예!"
아이의 얼굴에 웃음이 가득 찼다.
아이의 환한 웃음이 멘지스 가슴에 살포시 내려앉았다. 심장이 두근대고 기뻤다. 그렇게 부모를 잃은 아이들을 데려와 씻기고 먹이고 한 이불을 덮고 잤다. 오갈 데 없는 아이들이 하나둘 늘어나자 미오라고 아원을 세웠다. 부산에서 처음 있는 일이었다.
"이제 우리 집을 미오라라고 부르렴."
"엄마, 미오라가 무슨 뜻이에요?"
아이들은 스스로 멘지스를 엄마라고 불렀다.
"편히 쉬는 곳, 안식처라는 뜻이란다."
"아이, 좋아!"
아이들은 손뼉을 치며 기뻐했다.
멘지스는 가슴에 뜨거운 무엇인가가 자꾸 올라왔다.
'우리 아이들을 잘 키우려면 학교가 필요해. 제대로 교육받지 못하는 조선 여자들을 가르치는 학교를 세울 거야.'
멘지스는 날로 새롭다는 뜻의 일신여학교를 세웠다. 여성 교육의 첫걸음이었다.

일신여학교에서 성경과 기독교 신앙, 마음과 행실을 바르게 닦아 수양하는 수신(修身)과 한글, 산수, 체조 등을 가르쳤다.

멘지스는 힘은 들었지만 즐겁고 행복했다. 그런데 1908년에 호주에 살던 어머님이 아프다는 소식을 듣고 귀국할 수밖에 없었다.

그녀는 어머님을 하늘나라로 보내고 1912년 다시 아이들 곁으로 돌아왔다.

1919년 3월, 멘지스가 일신여학교 기숙사 사감으로 일하고 있을 때였다. 학생들이 밤낮으로 모여 수군거리며 무엇인가를 계획한다는 걸 알게 되었다. 이를 잠잠히 지켜보다 3월 10일에 물었다.

"무슨 좋은 일이 있지요? 선생님에게 얘기해봐요. 내가 도울 수 있는 일이면 도와줄게요."

"정말이세요? 선생님!"

"난 여러분을 믿어요. 절대로 나쁜 짓은 안 할 거라는 걸 알아요."

"선생님, 3월 1일에 민족 대표 33명이 태화관에서 독립 선언문을 낭독했어요. 그리고 종로에서 만세 운동을 펼쳤어요. 많은 사람이 모여 손에 태극기를 들고 만세를 외쳤어요. 대한민국이 독립국임과 대한인이 자주민임을 선언한 거예요."

"나도 들었어요. 대한민국은 일제의 통치를 반대하니 물러가라! 한국인은 모든 권리를 스스로 가지는 독립국의 국민이다! 이 뜻이지요?"

"예, 선생님. 그래서 저희도 만세 운동에 동참하려고 태극기를 만들려고 해요."

"훌륭해요. 이 땅에서 일본인들이 쫓겨났으면 좋겠어요. 나는 여러분을 응원해요. 내가 태극기를 달 깃대를 준비할게요."

"와! 선생님, 고맙습니다."

학생들의 눈에 눈물이 맺혔다.

멘지스는 그들의 소망이 얼마나 간절한지 느껴졌다. 그래서 조용히 깃대를 준비했고 학생들과의 약속을 지켰다.

"너희가 다치면 내 마음이 아플 거예요. 다치지 않게 조심해야 해요."

멘지스는 교장 마가렛 샌더먼 데이비스와 교사 데이지 호킹에게 자세한 이야기를 전했다.

"학생들이 교사와 함께 만세 시위를 펼칠 계획을 세웠어요. 학생들 스스로 움직인 일이라 무조건 말릴 순 없습니다."

"학생들이 다칠 수 있어 걱정입니다."

교장 데이비스의 얼굴빛이 어두워졌다.

"그렇다고 학생들을 기숙사에 가둘 순 없어요. 만일 그랬다간 우린 학생들을 잃을 거예요. 그들을 믿고 맡겼으면 좋겠어요. 교장 선생님

생각은 어떠신가요?"

"그렇다면 학생들이 다치지 않게 잘 지도해주세요."

"예, 교장 선생님!"

드디어 3월 11일 저녁이 되었다.

일신여학교 학생들은 교사들과 함께 태극기를 손에 들고 거리로 뛰어나가 외쳤다.

"대한 독립 만세! 대한 독립 만세! 대한 독립 만세!"

교사 주경애[1], 한국어 선생 박신연, 학생 11명의 외침에 사람들은 모여들었고 소리는 더 커졌다.

"아무래도 우리가 나가 봐야겠어요."

"멘지스 선생님은 기숙사를 지키세요. 학생들이 돌아오는 대로 다치지 않았나 살펴보시고 치료받게 해주세요."

교장 데이비스는 교사 호킹을 데리고 거리로 나갔다.

"학생들을 설득해서 다치기 전에 기숙사로 돌려보내야겠어요. 선생님은 저쪽으로 가세요. 나는 이쪽으로 갈게요."

두 사람은 흩어져 학생들을 만났다.

"여러분, 이제 그만하고 기숙사로 갑시다! 더는 안 돼요."

교장의 말에도 학생들은 듣지 않았다.

---

[1] 주경애: 1898년~미상. 부산진일신여학교(현 동래여자중고등학교)의 교사, 독립운동가.

"아무리 타일러도 소용이 없어요, 교장 선생님."

호킹의 말에 교장은 무거운 발걸음을 학교로 옮겼다.

두 시간이 지났다.

주동 교사와 학생들이 체포되었고 멘지스도 경찰서에 끌려가 문초를 받았다. 그리고 일본 경찰이 기숙사 구석구석 뒤져 태극기와 깃대 등을 찾아 빼앗았다. 그것도 부족했는지 학교에 들이닥쳐 교장 데이비스와 호킹에게 소리쳤다.

"이봐요, 교장 선생! 학생들을 어떻게 지도한 것입니까? 지금 당장 경찰서로 갑시다."

데이비스와 호킹은 경찰서로 끌려갔다.

"기숙사 사감 멘지스, 교장 데이비스와 호킹은, 학생들과 함께 만세 시위에 참여했다는 게 밝혀졌어요. 당신들에게 책임을 물을 것이오!"

일본 경찰은 흉악한 얼굴로 소리쳤다.

결국 영국 영사관의 개입으로 앞으로 이런 일이 없도록 하라는 경고 후 풀려났다. 멘지스와 데이비스, 호킹은 만세 시위 운동뿐 아니라 신사 참배 거부 운동을 적극 지지했다.

일신여학교 교사와 여학생들이 주도한 만세 시위는 경남 지역에서 여성들이 앞장서서 일으킨 독립운동이라는 점에서 큰 의미가 있다.

자유의 횃불

호주에서
건너온 불씨 셋

어두운 교실
조금씩 밝히더니

그 불씨
수많은 횃불 되어

활활 활활
한국 땅 곳곳에
타오르고 타올라

자유와 평등, 사랑
심었어요.

올리버 알 에비슨(Oliver R. Avison) 1860년~1956년

　한국 이름 어비신. 영국 허더즈필드에서 태어나 6살 때 가족이 캐나다로 이주했어요. 1884년 온타리오 약학교와 1887년 토론토 대학교 의학부 졸업했어요. 토론토 대학교 의학부 교수이자 토론토 시장의 주치의였어요. 1893년 미국 북장로회의 의료 선교사로 조선에 와서 제중원의 4대 원장, 세브란스 의학전문학교와 연희전문학교 교장을 겸임했어요. 1935년 미국으로 돌아갈 때까지 외과 의사로 42년 동안 세브란스 의학전문학교(현 세브란스병원)와 연희전문학교(현 연세대학교)를 설립하여 이끌었으며, 한국의 의학과 고등 교육의 발전에 크게 이바지했어요. 첫째 아들 고든 에비슨은 선교사로 활동했고, 넷째 아들 더글라스 에비슨은 선교사로 세브란스 의학전문학교 교수, 병원장을 겸임했어요. 그는 1951년에 아버지보다 먼저 하늘나라로 떠났으며 현재 양화진 외국인 선교사 묘원에 묻혔어요.

- 1952년 건국훈장 독립장(대한민국 정부)
- 2021년 9월의 독립운동가(국가보훈부)

7. 인내의 사람, 에비슨

"조선이라는 나라에 의료 선교사로 갈 생각이 있습니까?"

캐나다에서 강연을 마친 언더우드가 에비슨에게 물었다.

"예, 가보겠습니다."

에비슨은 강연을 듣고 마음에 깊은 울림을 받아 망설이지 않고 대답했다.

1893년 6월, 33세 에비슨은 아내와 세 자녀를 데리고 조선에 도착해 쉴 틈 없이 환자를 치료하는데 몰두했다.

하루는 궁궐에서 급한 연락에 받고 서둘러 갔다.

"폐하, 어디가 아프신가요?"

"얼굴에 원인 모를 발진이 나고 가렵고 부어올라 괴롭소."

에비슨은 고종의 얼굴을 세심하게 살폈다.

"알레르기입니다, 폐하."

"그것이 무엇이오?"

"식물의 독이 몸에 닿으면 생기는 증상입니다. 최근에 무엇을 만지셨는지요?"

"새로 만든 관을 머리에 썼소. 옻나무 액을 갓이나 관, 나무 그릇 등 널리 사용하고 있소."

"폐하, 옻나무 알레르기입니다. 사람마다 다르게 증상이 나타나기도 하고, 그렇지 않은 사람도 있습니다. 바르는 약을 처방해 드리겠습니다."

에비슨은 며칠 뒤 궁궐을 또 방문했다.

"폐하, 얼굴은 어떠신가요?"

"아주 좋아졌소. 붓기도 가라앉고 이젠 가렵지도 않으오."

고종은 흐뭇한 미소를 지었다.

그 이후로 고종은 에비슨을 믿고 일을 맡겼다.

1893년 여름, 콜레라가 널리 퍼져 많은 사람이 죽어가고 있을 때였다.

언더우드와 에비슨이 거리를 걷고 있었다.

"저 그림은 무엇인가요?"

신기하고 이상했다. 집 대문에 고양이 그림이 붙어있다니! 에비슨은 괴이한 생각이 들어 언더우드에게 물었다.

"조선인들은 콜레라를 쥐통이라고 해요. 쥐 귀신이 몸에 들어와서 흔들어 놓아 아픈 병이라고 생각합니다. 그래서 쥐의 천적인 고양이 그림을 붙여놓는 것이지요."

"그럼, 저 집 대문 앞에 놓은 황소 머리는 뭔가요?"

"천연두를 하늘이 주는 병이라고 마마라 부르거나, 호랑이가 할퀴어 매우 아픈 병이라고 호열랄병이라고 한다네요. 그래서 호랑이 귀신이 집 안에 들어오지 않게 귀한 걸 내주는 것이지요. 제사상에 올리는 소고기 등 귀한 음식을 줘서 달래는 것이지요. 조선인들은 미신을 믿어요"

"귀신한테 빌다니! 질병을 치료해야 낫지요?"

"병을 치료하면 귀한 손님을 퇴치하는 거로 여겨요. 치료는 오히려 화를 부르는 행위로 생각합니다."

"아이고, 이를 어쩌지요? 콜레라는 세균이 일으키는 병인데 그걸 모르다니 큰일입니다."

에비슨은 고개를 절레절레 흔들었다.

조선인들에게 전염병이 무엇인지 알려주고 위생 교육을 해야겠다고 마음먹었다.

1894년 에비슨은 제중원 운영권이 미선교부로 이관되자 병원 운영을 재정비했다. 병원 운영비를 마음대로 쓰는 조선인들이 있었기 때문이었다.

에비슨은 네 가지 병원 운영 원칙을 세웠다.

첫째, 약값을 낼 수 없는 사람이라도 진찰을 거부하지 않는다.

둘째, 비가 와도 진료를 쉬지 않는다.

그 이유는 비가 오면 조선인 직원들은 출근하지 않았기 때문이다.

셋째, 통역 대신 내가 조선말을 배운다.

넷째, 방은 청결히 하여 가능한 많은 환자를 수용한다.

1895년에 콜레라가 또 조선 땅에 퍼져나갔다.

그러자 고종은 그해 6월에 에비슨을 콜레라 감염병 유행 방역위원장으로 임명했다.

콜레라 환자를 책임지고 치료해야 하는 에비슨은 콜레라위원회를 구성했다. 그리고 동대문피병원과 언더우드와 새문안교회가 세운 서대문피병원에 환자를 격리하고 돌보았다. 환자 운반은 새문안교회 청년들이 맡아서 했다.

"콜레라는 호랑이 귀신이나 쥐 귀신이 주는 병이 아닙니다! 물과 음식을 끓여 먹고 손을 깨끗하게 씻으세요. 상한 음식을 먹으면 안 됩니다."

에비슨은 서대문교회 성도들과 청년들을 교육했다. 그리고 수만 장의 홍보지를 만들어 벽에 붙이고 사람들에게 나눠주며 외쳤다.

"이 글을 읽어보세요! 이대로 실천하면 콜레라에 안 걸립니다."

그 해 에비슨은 172명의 환자를 받았는데 그중 62명이 죽고 나머지는 회복했다.

그러자 언더우드의 부인인 의사 릴리어스 호턴이 이야기했다.

"의료적으로는 우리가 성공은 못했을지 몰라도 도덕적으로 우리를 높이 보는 분들이 많아요. 심지어 친구를 잃은 사람들도 진지하게 감사를 표했어요."

"우리를 사용하신 하나님의 은혜이지요."

에비슨은 겸손하게 말했다.

"조선에 자주 발병하는 천연두, 학질, 장티푸스, 광견병 치료 방법을 연구해야 합니다. 걱정되는 건 조선의 하수 시설이 제대로 되어 있지 않아서 질병이 끊이지 않습니다. 우물물을 끓여 먹도록 홍보해야 합니다."

"맞아요. 근본적인 것들을 우선 해결해야 해요."

언더우드가 동의했다.

에비슨은 깨끗한 물을 마시도록 계몽하고 독려했다. 그리고 집 주변 도랑에 오물과 더러운 똥물이

뒤섞여 내려가는 것을 보고 하수 시설을 만들게 했다.

1886년에 에비슨은 미국 선교부에 조선 한양에 더 나은 병원 시설과 의료진을 갖춘 현대식 병원이 필요하다고 보고했다. 그리고 1899년 안식년을 맞아 캐나다로 돌아갔고, 1900년에 뉴욕 카네기 홀에서 열린 초교파 해외선교대회에 참석해 연설했다.

"대한제국에 제대로 된 서양식 병원과 의사 양성이 필요합니다! 그들의 의사가 그들의 백성을 치료하는 놀라운 변화의 시대가 펼쳐지기 위해선 대한인들 스스로 일어설 수 있도록 해야 합니다."

에비슨의 연설에 감동한 스탠다드 오일의 대주주인 루이스 헨리 세브란스가 말했다.

"선교사님이 선한 일을 하시니, 제가 재정 후원을 하겠습니다."

"고맙습니다! 대한제국에 병원을 짓게 되어 기쁩니다."

에비슨은 친구이자 건축가인 고든에게 설계도를 부탁했고 그는 무료로 설계도를 그려줬다. 1904년에 세브란스 병원이 세워지고 1908년에 대한제국 최초 7명의 의사를 배출했다. 그들 중에 외과 의사 박서양은 업신여김을 당하던 백정의 아들이었다. 백정들은 푸대접은 물론 상투도 못 틀고 이름조차 갖지 못했다. 하지만 에비슨은 사람을 차별하지 않고 평등하게 교육받을 수 있게 했다.

"많은 의사를 키우기 위해 서양의학 책을 번역해야 합니다. 한글 작업을 도와줄 수 있나요?"

에비슨은 제자 김필순[1]에게 물었다.

"예, 선교사님! 하겠습니다."

그 작업을 통해 대한제국 최초 서양 의학 한글 교과서를 출간했다.

1929년 10월 27일 중외일보 기자가 에비슨을 찾아왔다.

"선교사님, 고생이 많으시지요?"

"네? 무슨 고생이랄게 있나요? 지금까지 이 땅에 온 이래 큰일 없이 무사히 지냈어요. 그리고 대한민국을 위해 매년 의사를 수십 명씩 내보내게 된 걸 기쁘게 여기고 감사할 따름입니다."

에비슨의 인터뷰는 그대로 신문에 실렸다.

일제는 신사 참배를 거부한다는 이유로 선교사들

---

[1] 김필순: 1878년~1919년. 황해도 장연군 출생. 대한제국의 의사. 일제 강점기에 만주에서 독립군 주치의로 활동한 독립운동가.

을 대한민국에서 쫓아냈다.

1935년 12월, 에비슨은 미국으로 떠나기 전 마지막 예배 모임 시간에 성경 한 구절을 남겼다.

우리가 선을 행하되 낙심하지 말지니 포기하지 아니하면 때가 이르매 거두리라. (갈라디아서 6장 9절)

얍! 물러가라

한 손엔 성경 들고
한 손엔 메스 들고
가슴엔 예수 사랑 품고
굳세게 외쳤어요.

천연두 콜레라 물러가라!
온갖 질병들 물러가라!
허깨비 귀신들 물러가라!

조선 땅에
어두움을 몰아내고
참 자유를 안겨준
아름다운 사람 에비슨.

어니스트 토마스 베델(Ernest Thomas Bethell) 1872년~1909년

한국 이름 배설. 영국 브리스틀에서 장남으로 태어났어요. 집안이 가난하여 고등학교를 졸업 후 16세에 일본에서 완구점을 운영했어요. 1904년 2월 러일전쟁이 일어나자 1904년 3월 10일 런던 데일리 크로니클 특파원으로 대한제국에 들어왔어요. 그 해 4월 16일 데일리 크로니클 신문사에 처음이자 마지막 특종기사<폐허가 된 궁궐>(Korean Emperor's Palace in Ruins)를 실었어요. 경운궁 화재는 일제가 의심된다는 내용 때문에 통신원에서 해임되어요. 1918년에는 헐버트와 함께 일제를 압박해 경천사 10층 석탑을 되찾았어요. 한편 을사늑약 무효 주장과 침략 행위 폭로 등 항일 언론 활동을 전개했어요. 언론인이며 기자, 대한제국 고종의 관료이자 독립운동가로 헌신했어요.

- 1950년 건국훈장 대통령장(대한민국 정부)
- 2014년 8월의 독립운동가(국가보훈부)
- 2022년 광복 77주년 기념 '대한 독립에 헌신한 외국인' <어니스트 토마스 베델, 호머 베절릴 헐버트>기념 우표 64만장 발행(과학기술정보통신부 우정사업본부)

8. 한국 동포를 구한 배델

✦

"일제가 대한제국을 괴롭히고 있군. 남의 나라를 빼앗으려고 하다니! 불의를 보고 참을 순 없지. 내가 할 수 있는 일을 찾아야겠어."

베델은 고종의 영어 통역관인 양기탁[1]을 만났다.

"제가 신문사를 만들겠습니다. 영국과 일제는 동맹국이니 치외 법권[2]을 내세우면 일제는 어찌하지 못할 것입니다. 이 나라에서 어둠을 몰아냅시다."

"고맙습니다. 일제의 만행을 알리는 글을 써서 널리 알리겠습니다."

1904년 7월 18일에 편집자 양기탁과 대한매일신보 한글판과 영문판(Korea Daily News)을 창간했다. 그리고 당당하고 버젓하게 '개와 일본인은 출입을 금한다!' 간판을 내걸고 항일에 관한 논설을 실어 발행했

---

1) 양기탁: 1871~1938 평안남도 평양 출생. 독립유공자, 언론인, 대한민국 임시정부 국무령.

2) 치외 법권: 다른 나라의 영토 안에 있으면서 그 나라 국내법의 지배를 받지 않는 국제법상의 권리.

다. 창간 4일 만인 7월 22일에 윤치호가 쓴 '황무지 개간 계획'이라는 글을 독자 투고란에 게재하여 일제의 부당한 요구를 비판했다. 이에 일제의 황무지 개간권은 실패로 돌아갔다.

하루는 고종황제가 베델을 궁으로 불렀다.

"그대가 이 작고 힘없는 나라를 위해 신문사를 차리고 백성들에게 힘을 주었소."

"일제의 만행을 두고만 볼 수 없었습니다, 폐하!"

"짐은 그대를 믿고 힘을 보탤 것이오. 이름을 배설(裵說)이라고 하면 좋겠소. 그대의 이름처럼 앞으로 힘이 있는 좋은 글들이 방방곡곡에 퍼져 주렁주렁 열매가 맺을 것이오."

"폐하, 고맙습니다! 이름에 맞게 최선을 다해 대한매일신보를 꾸려 나가겠습니다."

베델은 헐버트를 찾아가 만났다.

"우리 신문사에 인쇄 시설이 없어요. 신문을 많이 찍고 싶은데 도와줄 수 있나요?"

그러자 헐버트는 웃으며 대답했다.

"그럼요. 우리 감리교 삼문출판사에서 인쇄하세요. 얼마든지 하셔도 됩니다."

그 후 베델은 대한제국의 일이라면 발 벗고 나섰고, 반일 논설을 신

문에 실었다.

  1907년 1월에 고종은 베델의 도움으로 영국의 런던 트리뷴에 국새가 찍히지 않은 을사늑약을 반대한다는 사실을 칙서의 형식으로 알렸다.

  이처럼 베델은 영국과 일제의 외교 마찰을 빚을 정도로 골칫거리였고, 이토 히로부미는 베델을 영국 사법 당국에 여러 번 고소했다. 결국 영국은 고심 끝에 베델을 재판에 회부하여 재판을 받게 했다.

1907년 10월 14일 베델의 첫 번째 재판 결과는, 치안 방해죄로 6개월 근신에 보증금 3,000원을 내도록 했다. 하지만 대한매일신보의 논설은 조금도 약해지지 않았다. 그러자 일제는 베델에게 치안 방해죄와 공금 횡령의 혐의까지 씌워 다시 고소했다. 국채 보상 운동 과정에서 모은 의연금을 베델이 마음대로 사용했다고 주장했다. 베델은 또다시 재판을 받을 수밖에 없었다.

　1908년 6월 15일 주한 영국 총영사관에서 한국·영국·일본이 참여한 특이한 재판이 열렸다. 전통적인 영국 법정의 모습이었다.

　판사는 상해에서 파견한 영국인이었고, 검사 또한 은색 가발에 법복을 입은 영국인이었다. 변호사 역시 일본에서 온 영국인이었고, 증인과 통역관은 대한제국인이었다. 원고는 일본인 통감부 서기관 미우라 야고로, 피고는 영국인 36세 베델로 대한매일신보 신문사 사장이었다. 베델의 죄명은 국민 선동으로 3일간의 재판이 시작되었다. 동양 역사상 최초 국제 재판으로 세계 각국에서 기자를 특파해 취재 열기가 뜨거웠다.

　영국인 검사가 고소장을 낭독했다.

　"정부와 국민 간에 적대감을 부추겨 치안을 방해하는 기사를 게재했다는데 맞습니까?"

　"예, 그것이 근본 원인입니다. 의병들의 봉기 원인은 대한매일신보의 선동 때문입니다."

미우라 야고로가 대답했다.

그러자 영국인 변호사가 물었다.

"그 원인은 일제의 침략 정책에 있습니다. 대한매일신보를 현 상황의 원인이라 할 수 있습니까?"

"순전히 그 때문이라 할 순 없지만, 부분적인 이유는 됩니다."

미우라 야고로가 말했다.

"그렇다면 지금 소요가 야기된 또 다른 원인을 말할 수 있습니까?"

"대한매일신보가 이번에 고소한 것과 같은 반일 논설을 항상 실었습니다. 군대 해산, 헤이그 밀사 사건, 고종 양위와 의병들의 출몰 소요 등 대한제국인과 통감부의 대결이 최고조에 이르게 되었습니다. 이 상황을 베델의 신문에 실어 선동했습니다. 증거물로 논설 3건입니다.

첫 번째, 1908년 4월 17일자 친일 미국인 외교 고문(수지분포살상보) 스티븐슨 암살사건[3]을 교포 신문인 공립신보에 나자 이 기사를 옮겨 실었습니다. 두 사람의 거사를 찬양하는 기사와 한국의 자유도 금일이요, 한국의 독립도 금일이니! 글을 실었습니다.

두 번째, 백매특날(白梅特捏)이 부족이압이태리(不足以壓伊太利)라. 즉, 백명의 메테르니히가 하나의 이태리를 압도할 수 없다는 뜻입니다. 한국의 침략의 대명사인 이등박문을 오스트리아의 독재자 메테르니히를 빗대어 쓴 글로 남의 나라를 삼키려는 자는 그 마지막 비참할 것이다, 라는 기사를 실었습니다.

세 번째, 함흥의 한 학교 학생 17명이 손가락을 끊어 그 피로서 국권을 회복을 맹세한 사례를 소개한 기사입니다. 아, 장하다. 저 열일곱 학생 손가락의 피여, 라고 덧붙여 대한제국인 선동으로 두 나라 사이를 악화시켰습니다. 전라도 의병장 김율은 이 신문 기사를 보고 의병을 일으켰다고 합니다."

미우라 야고로는 베델의 죄목을 일일이 나열했다.

---

[3] 스티븐슨 암살사건: 샌프란시스코의 한국 외부 고문이면서도 일제의 한국 침략 정책을 도와준 인물의 사건으로 장인환과 전명운에 의해 암살됨.

한일 병합으로 국권이 일제에 넘어가기 직전 대한매일신보는 강경한 항일 논설과 우리 민족의 염원을 실었다. 베델과 대한매일신보는 일제의 침략 정책의 걸림돌이자 우리나라를 지켜주는 두터운 보호막이었다.

재판 마지막 변론이 시작되었다.
"의병 봉기의 원인은 일제 때문입니다. 따라서 베델은 무죄입니다."
영국인 변호사가 외쳤다.
"대한제국의 치안이 불안한 이유는 대한매일신보의 선동 때문입니다. 베델은 처벌을 면할 수 없습니다."
영국인 검사가 말했다.
그리고 판사가 재판 결과를 낭독했다.
"주문! 피고 베델은 제1종 경범죄 위반 혐의로 3주간 금고에 처한다. 6개월간의 근신을 명하고 만약 근신하지 않으면 추방당할 것이다."
일제가 국권 회복 운동과 항일 의지 고취, 민족 독립운동사의 중심에 서 있었던 대한매일신보를 폐간하려 했던 결과였다.
1908년 6월 20일 베델은 인천항을 통해 상해로 출발해 영국인 감옥에 투옥되었다. 대한인들은 실망하고 절망하였으며 격분했다.
베델은 상해에서 형기를 마치고 돌아와 친구가 운영하는 아스토 호

텔에 묵었다. 감옥에서 병세가 깊어진 듯했다. 그는 심장병으로 죽기 전, 양기탁의 손을 잡고 간절하게 부탁했다.

"나는 죽을지라도 신보는 영생케 하여 한국 동포를 구하라!"

그렇게 마지막 말을 남기고 1909년 5월 1일 37세에 하늘나라로 떠났다.

"천하박정지여사호(天下薄情之如斯呼) 하늘은 무심하게도 왜 그를 이다지도 급히 데려갔단 말인가!"

고종은 베델의 죽음을 한탄하며 몹시 슬퍼했다.

하늘이 공을 보내고는 또다시 데려갔구나. 유럽의 의혈남아가 조선의 어둠을 씻어내고자 삼천리 방방곡곡에 신문지를 뿌렸네. 꽃다운 이름이 남아서 다함 없이 비추리.

박은식도 이렇게 안타까워했다.

안창호는 떨리는 목소리로 추도사를 낭독해 많은 사람이 눈물을 흘렸다.

그 후 베델이 세상을 떠난 지 5개월만인 1909년 10월 안중근 의사의 저격으로 이토 히로부미가 사망했다. 그러자 양기탁은 대한매일신보 건물에 태극기를 걸고 성대한 잔치를 열었다.

현재 베델의 시신은 양화진 외국인 선교사 묘원에 잠들어 있다.

베델 취재 수첩

수첩 갈피에서
일어선 글자들
씩씩한 용사 돼
큰 군대 되었지

한국을 일으켜
동포를 살리고
어둠을 밝혀서
독립을 이뤘지

한국인 사랑이
수첩 갈피마다
흐르고 흘러서
열매가 맺혔지.

윌리엄 앨더만 린튼(William Alderman Linton) 1891년~1960년

　한국 이름 인돈. 미국 조지아주 토머스빌에서 셋째 아들로 태어났으며, 조지아 공과대학를 수석으로 졸업했어요. 1921년 컬럼비아대 사범대학원 교육학 석사, 1930년 컬럼비아대 신학대학원 신학 석사, 1957년에 미시시피 벨헤븐대학교 교육학 박사학위를 받았어요. 미국 남장로교가 파송한 21세 최연소 선교사로 1912년 가을, 목포에 도착했어요. 1년 동안 한글을 배우고 1914 군산 영명 학교 교사로 성경과 영어를 가르쳤으며, 1917년에 교장으로 헌신했어요. 113여 년 전 대한민국을 찾아와 호남지역을 중심으로 교육과 선교를 했고, 한남대학교를 설립하여 초대 총장이 되었어요. 선교사, 목사, 교사, 독립운동가예요.

- 2010년 건국훈장 애족장(대한민국 정부)
- 2022년 3월의 독립운동가(국가보훈부)

9. 한국인을 내 몸같이 사랑한 윌리엄 린튼

"대한 독립 만세! 대한 독립 만세!"

1919년 3·1일 만세 운동이 서울, 평양, 원산에서 시작해 전국으로 퍼져나갔다. 손에 태극기를 들고 독립을 위한 평화로운 대규모 시위였다. 윌리엄 린튼은 만세 운동을 지켜보며 한국인들이 무엇을 원하는지 깨달았다.

'나도 동참해야겠어.'

윌리엄 린튼은 망설임 없이 시위하는 사람들과 함께 만세를 외쳤다. 학교로 돌아간 윌리엄 린튼은 학생들에게 힘있게 외쳤다.

"여러분! 나는 3·1운동 열기를 잊을 수 없습니다. 용기를 갖고 자유와 정의를 위해 싸워 이겨야 이 나라를 되찾을 수 있습니다. 우리는 민족 운동의 중심 역할을 충실히 해야 합니다. 세계는 넓고 해야 할 일은 많습니다. 내가 여러분을 돕겠습니다."

1919년 3월 5일 한강 이남 최초로 군산 대규모 만세 운동이 일어났다. 3만 7,000여 명의 사람이 대한 독립 만세를 외쳤다. 노인과 아이, 남자와 여자, 교사와 학생들이 참여한 비폭력 시위였음에도 일제는 총과 칼을 들고 시위대를 공격했다.

"으악! 대한 독립 만세!"

사람들은 죽어가면서 외쳤다.

일제의 폭력 진압으로 53명 사망, 72명 실종, 195명의 부상자가 발생했다. 하지만 사람들은 포기하지 않았다. 일제가 탄압할수록 시위는 바람에 일어서는 불꽃처럼 번졌고, 전북 지역에서 28차례 일어났다. 일제가 총과 칼로 막을 수 없게 되었다.

"군산 만세 운동을 일으킨 자들은 영명학교 교사와 학생들입니다. 그 주동자는 윌리엄 린튼입니다."

일본 순경이 상관에게 보고했다.

"당장 수사해!"

일제가 윌리엄 린튼의 집과 교회를 구석구석 뒤졌고, 독립 선언문 등사본 2천 매가 발견되었다.

"교장 선생, 당신 이름이 인돈이오?"

"그렇습니다. 나는 대한민국 사람으로 살기로 했습니다."

"잘됐군. 앞으로 영명학교에 특별과 폐지, 고등과는 중단되었소. 이 명령을 지키지 않을 시 가만두지 않겠소."

"당신들은 국적이 미국인인 나를 벌할 수 없습니다. 우리 영명학교 학생들이 나라를 되찾고자 벌인 시위를 어찌 막을 수 있단 말입니까?

남의 나라를 침략하고 자유를 빼앗은 당신들의 잘못입니다."

윌리엄 린튼은 당당하게 말했다.

1919년 윌리엄 린튼은 대한민국을 떠나 애틀랜타 평신도 대회에 참석해 자신이 겪은 만세 운동의 실상을 알렸다.

"대한민국은 평화로운 방법으로 손에 태극기를 들고 비폭력 시위를 이어가고 있습니다. 아무도 도와주지 않는 세계를 향해 자유 독립을 호소했습니다. 하지만 일제는 평화롭게 행진하는 수천 명의 한국인을 총으로 쏘고 검으로 찔렀습니다.

여러분께서 대한민국의 독립을 지지하고 성원해 주기를 호소합니다."

이처럼 윌리엄 린튼은 만세 운동을 세계에 널리 알렸다. 또한 애틀랜타 저널에 '한국인들이 어떻게 자유를 추구하는지에 대한 애틀랜타인의 증언'이라는 제목으로 대한민국 상황을 전했다. 더불어 지속적인 자주독립의 필요성과 지원을 주장하며 증언했다.

폭력 없는 대항이었습니다. 한국인들은 모국어로 말하고 신문을 발행하는 것조차 할 수 없습니다. 그들은 무력의 힘으로 지배하는 일제에 대항할 힘이 없습니다. 하지만 일본인들이 진압하는 유일한 방법은 참가자들을 죽이거나 체포하는 것입니다.

그 후 윌리엄 린튼은 목사 안수를 받고 선교사로 대한민국에 돌아와 전주 신흥학교와 기전여학교 교장이 되었다.

하루는 윌리엄 린튼에게 일본인이 명령했다.

"학생과 교사 모두 일본의 신을 모시는 신사에서 꼭 참배하시오. 우리 대 일본제국 천황 폐하의 가르침을 잘 따르겠다는 의미입니다. 알겠습니까?"

"그렇게 못합니다. 우상에게 절할 순 없습니다."

윌리엄 린튼은 신사 참배를 단호하게 거절했다.

"그러고도 무사할 것 같소?"

"나는 조금도 겁나지 않습니다. 우리는 우리 일을 할 것입니다."

교장이었던 윌리엄 린튼은 스스로 학교 문을 닫았다.

그러자 전주 기전여학교, 광주 숭일학교, 수피아여학교, 목포 영흥학교, 순천 매산학교, 매산여학교, 군산 영명학교 등 호남지역 학교들이 줄줄이 문을 닫았다.

결국 미국 영사는 선교사의 철수를 명령했고, 1941년 윌리엄 린튼은 가족과 함께 미국으로 떠나야만 했다.

'대한민국에 다시 돌아가 대학을 꼭 세울 거야!'

윌리엄 린튼은 1946년에 대한민국에 돌아와 신흥학교 교장직에 복직했다. 대한민국의 독립을 위해 노력하였고, 학생들을 가르치는 데 최선을 다했다. 그러던 중 1949년 직장암에 걸려 미국으로 가서 수술을 받았다. 하지만 늘 대한민국 젊은이들을 잊지 못했다.

'내가 대한민국에 돌아가면 꼭 대학을 세워야지. 젊은이들이 마음껏 배우고 꿈을 키우도록 돕겠어.'

윌리엄 린튼은 기도하며 마음에 새겼다.

그는 몸이 회복되자 다시 한국에 왔다. 하지만 1950년 6·25 전쟁으로 대학 설립 계획을 중단해야 했다. 1954년에 2년의 준비 과정을 거쳐 1956년 대전대학(현 한남대학교)을 설립하고 초대 총장이 되었다. 그런데 병이 깊어져 미국으로 건너가 또 수술을 받았는데 병세가 급격히 나빠져 1960년에 하늘나라로 떠났다. 윌리엄 린튼은 48년간 한국에서 교육 선교와 의료 선교, 독립운동가로 헌신했다.

윌리엄 린튼의 대를 이은 한국 사랑은 깊고도 넓다.

유진벨(1대) 선교사의 사위인 윌리엄 린튼(2대)의 가족은 5대째 한국의 벗으로 지내고 있다. 첫째 아들(3대)은 미국 제1 해병 사단 정보 장교로 펠렐리우 전투에서 한국인 강제 노동자들을 구한 공로로 미은성 훈장을 받았다.

셋째 아들은 휴 린튼(3대)은 미 해군 장교로 자원입대하여 6·25 전쟁 때 인천 상륙 작전에 참여한 용사였다. 넷째 아들 드와이트 린튼(3대)은 1950년 6·25 전쟁 참전 용사였으며 20년 넘게 호남지역 의료 선교와 교육에 전념했다. 현재 손자 인세반(4대)은 북한 결핵 퇴치와 환자를 돕는 유진벨재단 회장으로 활동하고 있다. 그의 동생 인요한(4대)은 한국형 구급차를 처음으로 개발하였고, 연세대 의과대학 가정의학과 교수 겸 국제진료센터 소장을 지냈다. 그 공로를 인정해 대한민국 국민훈장 목련장을 받았다.

증손자 인대위(5대)는 변호사이며 한동대 국제법률대학원 교수로 재직하고 있다. 그에게 국가보훈부가 2024년에 '명예로운 보훈 가족' 기념패를 증정했다.

인돈은 하늘빛 깃발

하늘에서 내린
희망의 바람에
온몸을 맡기고

펄럭펄럭
펄럭펄럭

힘내요!
응원해요!
승리하세요!

샘솟는 한국 사랑
가족 대대로 이어져

지금도
정의의 하늘빛 깃발
곳곳에 나부껴요.

프랭크 윌리엄 스코필드(Frank William Schofield) 1889년~1970년

한국 이름 석호필. 영국 워릭셔주의 럭비에서 태어났어요. 1907년에 캐나다로 이민, 토론토 대학교 온타리오 수의과 대학에 입학했어요. 1910년에 소아마비를 앓아 지팡이에 의지한 채 1911년 캐나다 토론토 대학교 수의과대학원 수의학 박사학위를 받았어요. 1916년 11월에 캐나다장로회 선교사로 아내와 함께 대한민국에 도착, 세브란스 의학전문학교에서 세균학과 위생학을 강의했어요. 한국에 온 지 1년 만에 한국 감리교회에서 '선교사 자격 획득 한국어 시험'에 합격했어요. 서울대학교 수의과 대학 교수, 장로회신학대학교와 감리교신학대학교 전임교수로 헌신했어요. 3·1운동 견문록 원고의 제목을 '끌 수 없는 불꽃'이라고 붙였어요.

- 1968년 건국훈장 독립장(대한민국 정부)
- 2016년 3월의 독립운동가(국가보훈부)
- 2023년 광복 78주년 기념 '대한 독립에 헌신한 외국인' <프랭크 윌리엄 스코필드, 조지 루이스 쇼>을 주제로 한 기념우표 62만4000장 발행. (과학기술정보통신부 우정사업본부)

10. 34번째 민족 대표 스코필드

아버지가 근무하는 대학교 학생이 집에 찾아왔다.

"어떻게 오셨어요? 중국 사람인가요?"

9세 스코필드가 물었다.

"나는 코리아 사람이고, 아버지를 만나러 왔어."

여병현[1]이 다녀간 후 스코필드의 두 눈은 호기심으로 반짝였다.

"아버지, 코리아는 어떤 나라예요?"

"동방의 작은 나라 조선이지."

스코필드는 지도를 펴놓고 코리아가 어디에 있는지 살펴봤다.

그리고 코리아를 잊지 않고 마음속에 품었다.

스코필드는 어려서 어머니를 잃고 새어머니 밑에서 자랐다. 집 안이 가난해 고등학교를 졸업하고, 하루 세끼 준다는 얘기에 가축 농장에서

---

[1] 여병현: 1867년~미상. 황해도 출신. 1895년대에 일본에서 수학. 1896년 미국 하버드대학에서 수학. 영국 할레이대학에서 3년간 수학. 일제 강점기에 한국 YMCA 설립에 기여. 통역관.

일했다. 농장에는 힘들게 사는 사람들이 많았다. 청년 스코필드는 고된 노동과 배고픔을 견뎌야 했다.

'내가 어른이 되면 어렵게 사는 사람들을 도울 테야. 이웃을 사랑하고 봉사할 거야. 누군가가 궁지에 빠지면 어둠 속의 힘센 벗이 되어 줘야지.'

스코필드는 캐나다 농장에서 가축을 키우며 수의학에 흥미를 느껴 돈을 악착같이 모았다. 그렇게 바라던 토론토 대학 온타리오 수의학과에 입학했다. 기쁨도 잠시 열이 펄펄 나고 왼쪽 손과 다리가 아프기 시작했다.

"소아마비입니다. 목발을 짚고 다녀야 합니다."

의사가 진단을 내렸다.

눈앞이 캄캄하고 절망스러웠지만 울고만 있을 수 없었다.

몸 상태가 조금씩 좋아져 절뚝거리며 스스로 걸을 수 있게 되었다.

"나는 꿈을 포기하지 않을 거야. 가난한 사람들을 도울 수만 있다면."

스코필드는 대학을 수석으로 졸업하고 앨리스와 결혼했다.

1916년 봄, 한 통의 편지를 받았다. 세브란스 의학전문학교(현 연세대학교 의과대학)장 에비슨 박사의 편지였다. 일제 강점기로 어려움을 겪는 대한민국 학생들에게 세균학과 위생학을 강의해 달라는 것이다.

그해 가을 스코필드는 아내와 대한민국 땅을 밟았다. 수십 년이 흘러 작은 소년의 꿈이 피어난 거였다.

"안녕하세요, 저는 스코필드입니다."

"오! 반갑습니다. 아홉 살이었는데 어른이 되었네요."

여병현이 반갑게 맞았다.

병원에서 돌아온 스코필드가 아내에게 말했다.

"여보, 내 이름을 석호필(石虎弼)로 할 거예요."

"무슨 뜻인가요?"

아내가 물었다.

"석은 돌처럼 굳센 믿음을 뜻하고, 호는 호랑이처럼 용맹하고, 필은 어려운 사람들을 돕겠다는 뜻이에요. 약자에게는 비둘기처럼 부드러운 사랑을 베풀고, 강자에게는 호랑이 같은 엄격함으로 대할 거예요."

"훌륭해요. 기도하며 응원할게요."

1919년 한양으로 가는 기차 안은 한산했다.

콧수염을 기른 한 남자가 스코필드에게 다가와 거들먹거리며 물었다.

"이보시오, 선교사 양반. 내가 구원을 받으려면 어떻게 하면 되오?"

스코필드는 질문하는 남자의 얼굴을 빤히 바라보았다.

"먼저 2,000만 대한민국 국민에게 사죄하십시오. 그전에는 구원을 받을 수 없습니다."

스코필드는 질문하는 남자에게 단호하게 말했다. 그가 누구인지 잘 알고 있었다. 바로 친일파이며 매국노 이완용이었다. 그는 얼굴이 굳어진 채 웅얼대며 어디론가 가버렸다.

"사죄할 수 없어, 절대로. 내가 뭘 잘못했다고?"

이완용은 자신이 저지른 잘못을 뉘우치지 않았다.

을사늑약, 한일 병합 조약 등 자신의 이익을 앞세워 나라를 팔아먹은 자였다. 그의 뒷모습을 바라보는 스코필드의 얼굴은 어두워졌고 생각은 깊어갔다. 스코필드는 세브란스 병원에 돌아와 약사 이갑성[2]과 친하게 지내게 되었다.

1919년 2월 늦은 밤 누군가가 대문을 두드렸다.

"선생님, 접니다. 드릴 말씀이 있습니다."

---

2) 이갑성: 1889년~1981년 독립운동가, 정치가, 사회운동가. 3·1운동 민족 대표 33인의 한 사람으로 독립 선언문에 서명.

"어서 들어오세요. 무슨 일이 있으신가요?"

스코필드가 이갑성에게 물었다.

"선생님, 이것이 독립 선언문이에요. 영문으로 번역해 미국 백악관에 보내주세요."

"오! 알겠어요. 훌륭한 일입니다."

3월 1일 오전에 이갑성이 다시 찾아왔다.

"선생님, 오늘 오후 2시 탑골공원에서 대규모 학생 시위가 있을 예정입니다. 독립 선언문을 낭독하고 비폭력 만세 운동을 펼칠 겁니다. 그때 사진을 찍고 글로 써서 해외 신문에 알려주세요. 독립을 향한 우리의 간절한 외침이 널리 퍼져나가길 소원합니다."

"네. 제가 최선을 다해 해외에 알릴 테니 걱정하지 마세요."

3월 1일 오후 1시쯤, 스코필드는 자전거를 타고 탑골공원으로 향했다.

자전거에서 내려 일본인이 운영하는 가게 이층에 올라가려 할 때였다. 주인 여자가 빗자루를 들고 스코필드를 때리기 시작했다. 하지만 아랑곳하지 않고 이층에 뛰어 올라갔다.

오후 2시가 되자, 외침 소리가 들렸다.

"대한 독립 만세! 대한 독립 만세! 대한 독립 만세!"

탑골공원에서 터져 나오는 자유를 외치는 사람들의 모습은 아름답고 위대해 보였다. 사람들은 손에 태극기를 들고 외쳤다. 점점 사람은 많아졌고, 삽시간에 수많은 사람이 거리로 쏟아져 나왔다. 사람들의 움직임은 마치 거대한 파도처럼 일렁거렸다. 가슴이 떨렸다. 뜨거운 무엇인가가 온몸을 감싸고 돌았다.

찰깍! 찰깍! 찰깍!

빠르게 카메라 셔터를 눌렀다. 3·1운동의 역사적 현장을 하나도 놓치지 않으려 손가락은 멈추지 않고 움직였다. 그리고 생생한 기록으로 남은 사진들을 해외에 널리 알릴 계획을 세웠다. 한 달 후 독립을 향한 간절함을 무력으로 제압하려는 일본 경찰의 만행을 세계적인 아동 잡지사 대표 헨리미에게 편지를 보내 알렸다.

스코필드는 쉬지 않고 움직였다.

1919년 4월 15일 제암리교회 방화 학살 사건 현장을 찾아갔다.

"어찌 이럴 수 있단 말인가? 선량한 사람들을 죽이다니! 나는 눈으로 무엇이든 분명하

게 볼 것이고, 나에게 주어진 모든 가능성을 이용해 이 민족의 소원을 세계에 알릴 것이다."

스코필드는 분노하며 카메라 셔터를 눌렀다.

집에 돌아와 영자 신문과 잡지사에 일제의 만행을 담은 사진과 보고서를 작성해 보냈다. 그뿐 아니라 서대문형무소 여감방 8호실에 갇혀있던 노순경, 유관순, 어윤희 등을 만났다.

"사랑하는 자매님들, 여러분은 죄가 있어 갇힌 게 아닙니다. 국민의 자유를 위해 싸우는 거예요. 제가 힘껏 돕겠습니다."

"선교사님, 일본인들은 우리를 짐승처럼 대합니다."

유관순이 말했다.

스코필드는 총독부 높은 지위에 있는 사람을 찾아가 항의했다.

"감옥은 몹시 더럽고 구역질이 납니다. 깨끗한 옷과 넉넉한 음식을 주세요. 죄도 없는 사람을 마구 때리고, 발로 차고 밟지 마세요!"

"그들은 죄인입니다. 나라의 질서를 무너트리고 법을 지키지 않았습니다."

"무슨 소리요? 여긴 일본 땅이 아닙니다. 남의 나라를 빼앗고 짓밟고 훔친 당신들이 죄인입니다."

스코필드의 눈은 호랑이처럼 사나워졌다.

1920년에 미국 언론사에 이렇게 편지를 써서 보냈다.

하루에도 수백, 수천 명의 대한민국 사람이 일제의 총칼 아래 목숨을 빼앗기고 재산을 약탈당하고 있습니다. 중략

스코필드는 쉬지 않고 대한민국의 자주독립과 일제의 폭력을 세계 여러 나라의 언론에 알렸다. 결국 일제는 스코필드를 눈엣가시로 여겨 죽이려고까지 했다. 스코필드는 캐나다에 간 후에도 이 땅 이 민족을 위해 기도를 쉬지 않았다.

그 후 그는 1958년에 한국 땅을 다시 밟고 서울대학교 수의과 대학에서 재직 중 1970년 4월 16일 국립중앙의료원에서 하늘나라로 갔다.

스코필드는 눈을 감기 전 유언을 남겼다.

"내가 사망하면 대한민국 땅에 묻어주고, 돌보던 소년 소녀 가장들을 보살펴 주시오."

현재 그는 국립서울현충원 애국지사 묘원에 잠들어 있다.

호랑이가 되어

호랑이 눈으로
한국 땅을 짓밟은
일제를 노려보고

호랑이 목소리로
한국인을 죽인
일제를 크게 꾸짖고

비폭력 만세 운동
세계에 널리 알린
석호필

호랑이가 되어
어흥! 어흥! 어흥!
우리나라를 지켰네.

스탠리 해빌랜드 마틴(Stanley Haviland. Martin) 1870년~1941년

 1870년 캐나다 뉴펀들랜드 세인트존스에서 출생하였으며, 온타리오 퀸즈대학교에서 의학을 전공하여 의사가 되었어요. 1916년 부인과 함께 캐나다장로회 의료 선교사로 대한민국에 들어왔어요. 1913년에 개설한 용정선교지부에 파송되어 선교 활동을 했어요. 처음에 진료소로 시작해 1916년 11월에 착공한 건물이 1918년에 현대식 병원으로 완공 되었어요. 마틴이 부임하고 건립한 제창병원은 30개의 병상을 갖춘 현대식 건물로 남녀 입원실과 수술실, X선 촬영실 등을 갖췄어요.

 마틴은 1927년까지 제창병원장으로 환자를 치료했어요. 그뿐 아니라 서울 세브란스 의학전문학교 교수 겸 부속병원 의사로, 흉부외과 과장과 세브란스 결핵병방지회장을 맡아 청년층의 고질병인 폐결핵 퇴치에 힘썼어요. 그리고 연구 결과를 언론에 기고하거나 강연 저술을 통하여 보급했어요. 이처럼 마틴은 24년 동안 대한민국에 머물며 병든 자와 다친 자는 물론 전염성이 강한 결핵 퇴치에 심혈을 기울였어요. 그 후 태평양전쟁이 일어나기 전 1940년 미국인 아내와 함께 대한민국을 떠나 미국 버지니아주 리치몬드에 도착해 이듬해인 1941년 하늘나라로 떠났어요.

- 1968년 건국훈장 독립장(대한민국 정부)
- 2021년 9월의 독립운동가(국가보훈부)

11. 수술칼과 카메라를 들고 외친 마틴

북간도에 3·1운동 소식이 전해졌다.

사람들의 마음은 기쁨에 겨워 파도처럼 출렁거렸다.

3월 7일 저녁 무렵이었다.

"오늘 독립 선언문이 도착했어요. 3·1운동이 전국으로 퍼져나간다는 소식과 함께요. 우리도 이 운동에 참여합시다!"

"찬성입니다! 독립 선언 축하회 형식으로 만세 운동을 펼칩시다."

북간도 지역 민족지도자들은 1919년 3월 13일 정오 용정에서 만세 운동을 열기로 했다. 식장에는 대회장 김영학 목사, 회장 구춘선 장로, 부회장 배형식 목사, 김내범 목사, 정재면 전도사, 강백규 장로 등 여러 사람이 참석했다. 민족지도자들은 독립 선언 포고문을 낭독하고 연설했다. 그리고 정의 인도, 라고 쓴 대형 깃발을 앞세우고 태극기를 흔들며 시내로 돌진했다.

"대한 독립 만세! 대한 독립 만세! 대한 독립 만세!"

이때 일제의 사주를 받은 중국군이 시위대를 향하여 발포했다.

"쏴라. 한 놈도 봐주지 마라!"

만세를 외치다 많은 사람이 죽거나 다쳤다. 거리는 피로 붉게 물들었다.

"여기요, 여기! 총에 맞았어요. 빨리 업고 병원으로 뛰세요."

총에 맞은 사람들을 제창병원으로 옮겼다.

대형 깃발을 든 박문호[1]를 비롯한 13명이 현장에서 사망했다. 치명상을 입은 4명은 병원으로 옮겨 치료받던 중 사망했으며, 30여 명의 부상자가 발생했다.

"사망하신 분들은 병원 지하실에 잘 모시고, 다친 분들은 잘 치료해 드리세요."

병원장 마틴은 직원들에게 단단히 부탁하고, 수술실에 들어가 여러 사람을 살렸다. 그리고 나라를 위해 목숨을 바친 위인들의 넋을 기리며

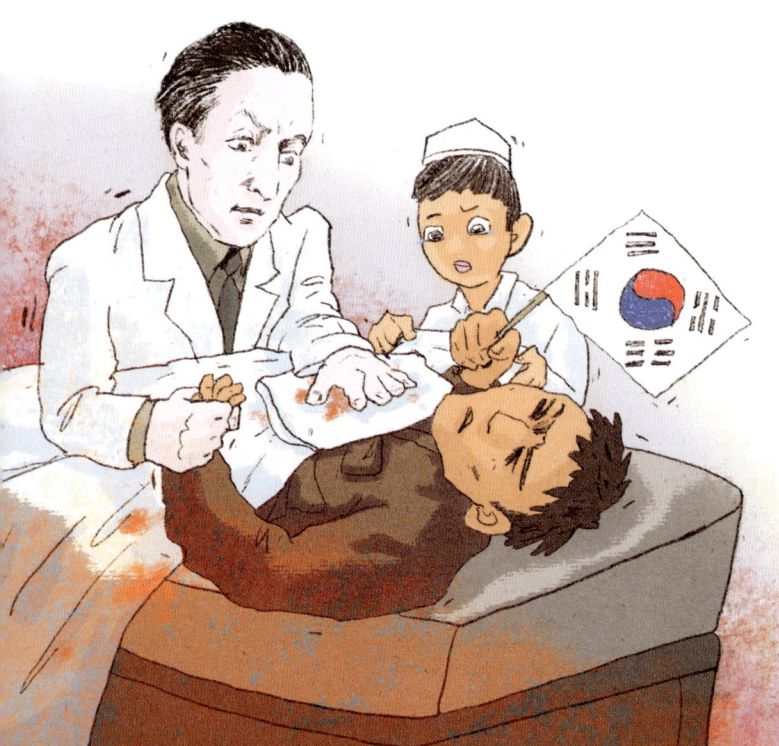

1) 박문호: 미상~1919년. 독립운동가이며 길림성 평강의 남구학교 교사. 시위대의 선두에서 일본 영사관으로 행진 중 순국.

합동 장례식을 치러줬다.

"다른 덴 위험합니다. 우리 제창병원 건물에서 독립운동 모임을 하세요. 이곳은 치외 법권 지역이라 주무셔도 됩니다. 일제는 저와 이 병원을 함부로 대하지 못합니다."

"독립사상을 널리 퍼뜨리려면 인쇄물을 만들어야 해요. 어떡하지요?"

"인쇄물을 만드셔도 됩니다. 마음껏 하세요."

마틴이 힘주어 말했다.

"고맙습니다!"

1920년 2월 간도 대한국민회는 스탠리 마틴에게 독립운동 지원에 감사하며 표창 기념패를 수여했다.

그 후 용정에서 만세 시위 운동은 더 활발하게 일어났고, 일제는 단속 경계를 높였다.

"영국인 선교사 주거지 내 제창병원과 가옥에 독립운동가들이 모여듭니다. 집회장, 숙박소, 인쇄소가 되고 있습니다."

"걱정하지 마시오! 만주 지역에서 활동하는 독립군을 대대적으로 토벌할 계획이오. 우리 일본군 2만 명을 배치해 초토 작전을 펼 것입니다."

1920년 10월부터 11월까지 일제는 간도 대한민국인들 상대로 씻을 수 없는 범죄를 저질렀다. 마을을 습격해 사람을 죽여 불을 지르고 집을 불태웠다. 그 소식을 마틴이 전해 들었다.

"일제의 만행은 끝이 없군. 인간이길 포기한 것인가?"

그해 10월 31일 아침이 밝았다.

마틴은 간호사와 피해 조사를 위해 카메라를 들고 짐을 꾸렸다. 북경 마차를 타고 용정촌을 출발해 사건 현장인 장암동 마을로 향했다.

"저기, 언덕에 짙은 연기가 오르는 게 보입니다."

간호사의 말에 마틴은 아기를 업고 우는 아낙네에게 다가가 물었다.

"이곳에서 무슨 일이 있었는지 말씀해 주세요. 저희는 일제의 만행을 세계에 알리려고 왔습니다."

"흑흑! 어제 총을 든 일본군들이 기독교 마을을 포위하고 쌀가마니를 쌓아 놓은 창고에 불을 질렀어요. 흑흑! 그러더니 우리에게 모두 집에서 나오라고 소리쳤어요. 안 그러면 죽이겠다고 윽박질렀어요. 남편과 시부모님이 집 밖으로 나가자마자 총으로 쏴 죽였어요. 아이고, 아이고, 흑흑! 노인과 아이, 남자와 여자, 청년 할 것 없이 다 죽었어요."

아낙네는 잠시 숨을 고르더니 이야기를 계속 이어 나갔다.

"난 너무 무서워서 부엌에 숨어 지켜보았어요. 일본 놈들은 시체들을 한 데 모아놓고 불태웠어요. 그놈들이 간 뒤 시부모님과 남편을 찾았는데 얼굴조차 알아볼 수 없었어요. 흑흑!"

"일제의 악행을 전 세계에 알려 억울함을 풀어드릴게요."

마틴과 간호사는 머리 숙여 인사하고 연기가 치솟는 데로 갔다.

그곳에도 갓난아이를 업은 여자가 새로 만든 묘 앞에서 슬피 울며 안절부절못하고 있었다. 그 옆에는 백발의 노인이 먼 곳을 멍하니 바라보고 있었다.

"얼마나 마음이 아프십니까?"

마틴이 물어도 아이 엄마는 듣지 못했다. 정신이 나간 듯 보였다.

그러자 백발의 노인이 입을 뗐다.

"난 총 네발을 맞았지만 살았소이다. 하지만 내 두 아들은 총에 맞아 하늘나라로 갔소. 손자 셋은 불타는 집에 던져졌소이다."

"제가 사진을 찍고 글을 써서 세상에 널리 알리겠습니다."

마틴이 말했다.

"고맙소. 정말 고맙소이다."

마틴은 백발노인의 상처와 새로 생긴 묘와 불타는 마을 사진을 찍었다. 그리고 노인과 헤어져 연기가 피어오르고 시체 타는 냄새가 나는 계곡으로 갔다. 그곳에 흙으로 반쯤 덮인 시체가 있었는데 총에 맞아 팔다리가 꺾이고 불에 검게 그을린 노인의 얼굴이 보였다.

"어찌 죄 없는 사람들을 잔인하게 죽인단 말이오? 이건 명백한 범죄입니다."

마틴은 얼굴을 붉히며 소리쳤다.

병원으로 돌아온 마틴은 노루바위(장암동) 학살 사건 보고서를 작성

해 간도 참변을 폭로했다. 독립신문에는 이렇게 실렸다.

1920년 10월 9일부터 10월 30일까지 사망자는 3,469명이고, 불에 탄 집이 3,209동, 학교 36개교, 교회당 14개소, 곡물 54,045섬이 불에 탔다. 이 쌀은 3년분의 저장 식량이었다.

마틴은 일본군의 협박과 방해에도 아랑곳하지 않고 방화, 학살 현장을 방문해 사진을 촬영했다. 그 결과 일본군 만행의 진상을 폭로하고 규탄할 수 있었다.

마틴의 카메라

찰칵찰칵!
찰칵찰칵!

활활 타오르는
예배당과 학교

불타는 집과 곡식단
불에 그을린 시체

찰칵찰칵!
찰칵찰칵!

사진을 찍어
세상에
널리 널리 알렸어요.

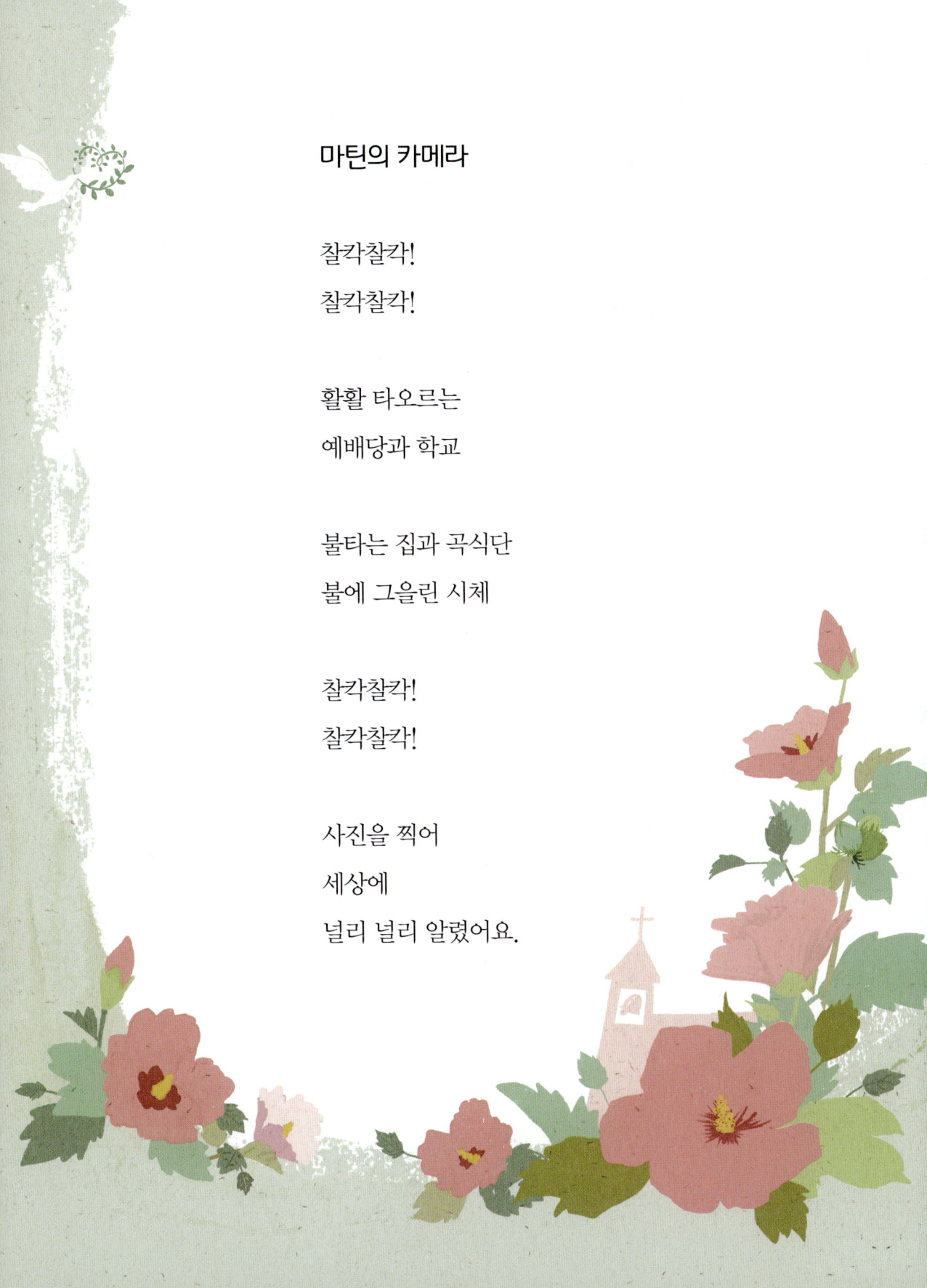

푸른 눈의 선교사
한국을 위해 목숨을 아끼지 않은 사람들

로버트 저메인 토마스(Robert Jermain Thomas) 1839년~1866년

한국 이름 최란헌. 영국 웨일즈에서 회중교회 로버트 토마스 목사의 아들로 태어났어요. 옥스퍼드 대학 지저스 칼리지 장학생으로 입학한 수재로, 1859년 런던 대학교 시스템 뉴 갈리지에서 대학 과정과 신학 과정을 졸업했어요. 그 후 18개월간 의학과 어학 공부를 했어요. 고향인 하노버 교회에서 24세에 목사 안수를 받고 1863년 6월 런던의 선교회에서 중국 선교사로 임명되었어요. 조선에는 고종 2년인 1865년에 왔으며, 조선에서 순교한 최초의 개신교 선교사예요. 한국교회는 1933년 9월 14일 대동강 언덕에 토마스 목사 기념 예배당(조왕교회)을 세워 헌당식을 크게 열었어요. 그리고 그 예배당이 있던 자리에 2009년 남북 화해와 화합의 상징인 평양과학기술대학이 건립되었어요.

톡톡 알림 | 최초의 한글 신약성경본 <<예수성교전서>>(1887년)를 만들고, 처음으로 한글 띄어쓰기를 도입한 사람은 스코틀랜드 장로교회 출신 존 로스 목사(John Ross, 1842~1915)이며, 최초의 한글 구약성경<<시편촬요>>(1898년)번역자는 러시아 정통파 유대교 출신 알렉산더 피터스 목사(Alexander Albert Pieters, 1871~1958)예요.

1. 죽으면 죽으리라 외친 토마스

✨

"아버지, 선교사는 무슨 일을 하나요? 순교는 무슨 뜻이에요?"

어린 토마스가 물었다.

"다른 나라에 복음을 전하는 사람들이지. 순교는 예수님을 위해 목숨을 바치는 걸 말해."

"하나님 말씀을 모르는 나라도 있나요?"

"많지. 전하는 사람이 없어 듣지 못한 것이란다."

교회 목사인 아버지가 말했다.

"저는 성경을 나눠주는 사람이 될래요."

"다른 나라에 가려면 몇 달 동안 배를 타고 가야 해. 춥고 배고플 거야. 때론 아플 때도 있을 거고, 말이 안 통해 괴로울 거야. 그래도 괜찮겠어? 죽을 수도 있단다."

"아버지, 전 할 수 있어요. 하나님 말씀을 전하는 일인데 참아야지요. 꼭 선교사가 될 거예요."

어린 토마스는 날마다 기도했다.

드디어 바라던 대로 신학교를 졸업하고 목사가 되었다. 토마스는 기쁨에 들떴다.

눈보라가 몰아치는 추운 12월에 첫 선교지 중국 상해에 도착했다. 그런데 중국에 도착한 지 4개월 만에 사랑하는 아내가 하늘나라로 떠나고 말았다. 토마스는 앞이 캄캄하고, 슬프고 괴로워서 눈물을 흘리며 기도했다.

"하나님 말씀을 전하려 이곳에 왔는데 왜 이런 일이 일어날까요? 제가 무슨 잘못을 한 것일까요? 이제 저는 어떻게 해야 하나요?"

토마스는 런던선교회에 첫 선교 보고로 아내의 사망 소식을 전했다. 마음이 너무 아파 희망을 잃었다. 그리고 같이 일하는 사람과도 의견이 맞지 않아 선교사를 그만두고 해상 세관에서 통역관으로 일했다. 그러던 중에 조선인 천주교 신자를 만나게 되었다.

"왜 고향을 떠나 이곳에 오셨나요?"

토마스가 조선인에게 물었다.

"기해박해[1]도 있었고 양반들이 천주교를 믿지 못하게 괴롭혀요. 우린 살려고 중국으로 왔습니다."

---

1) 기해박해: 1839년(헌종 5, 기해년)에 일어난 천주교 박해로, 전국적 규모로 피해가 커서 서울과 경기 지방에서만 200명 이상 체포되었고 순교자는 70명이에요.

토마스는 집에 돌아와 무릎을 꿇고 간절히 기도했다.

"주여, 저는 지금 무엇을 하는 걸까요? 하나님 말씀을 전하지 못하는 제가 부끄러워요. 나약하고 어리석은 저에게 강하고 담대한 믿음을 주세요!"

토마스는 다시 하나님의 사랑을 깨닫고 황해도 일대에 선교 계획을 세웠다. 첫 번째 조선 방문은 1865년 9월 13일이었다. 황해도 장연군 장지리(백령도로 추정) 해안에 도착해 그해 12월까지 3개월 반 동안 머물며 한국어를 배웠다. 주민들은 토마스가 나눠준 한문 성경을 목숨의 위험을 무릅쓰고 받았다.

그 모습을 지켜본 토마스는 조선인들의 순수한 믿음을 보고 희망에 부풀어 다시 조선 땅을 밟으리라 다짐했다. 그런데 중국으로 돌아가던 배가 부서져 죽을 뻔하였고 무사히 북경으로 돌아가 북경대학 학장 서리로 일했다.

그때 조선 후기 실학자이며 문장가 박지원의 손자인 개화파의 거장 박규수와 만났다. 토마스의 마음에 평양에서 복음을 전해야겠다는 간절함이 일었다.

토마스는 1886년 4월 4일에 런던선교회에 편지를 보냈다.

조선인들은 다른 어느 민족보다 복음에 관심이 많아 하나님 나라에 큰 쓰임을 받을 만한 민족입니다.

1866년 8월 16일 토마스는 두 번째 조선 땅을 밟게 될 희망에 부풀었다. 조선인들에게 나눠 줄 한문 성경을 여러 권 들고 미국 무역상선 제너럴셔먼호에 탔다. 토마스는 평안남도 용가의 주영포에 도착했다. 하지만 평양감사 박규수가 미국 상선의 교역 요구를 거절하고 입항도 허락하지 않았다. 황주목사도 외국과의 교류는 국법으로 금지되어 있으니 돌아갈 것을 요구했다. 그리고 조선 조정에서는 이현익[2]을 협상의 중재자로 내세워 제너럴셔먼호에 보냈다.

"당신들은 무례하오. 총과 칼을 가지고 무역하오?"

---

2) 이현익: 조선 말기 평양 중군. (종2품 무관직으로 군영의 대장)

토마스가 이현익의 말을 통역했다.

"우리는 전쟁을 하려는 게 아닙니다. 조선 땅에 물건을 팔거나 사려는 것입니다."

미국인이 말했다.

"우린 흥선대원군의 통상 수교 거부 정책인 쇄국 정책을 지켜야 하오. 가톨릭 박해도 있어 위험하니 돌아가시오."

미국인들은 조선 조정의 말을 무시하고 이현익을 납치했다.

이현익이 제너럴셔먼호에서 돌아오지 않자 박규수는 어찌해야 할까, 고민하고 있었다. 그때 퇴역 군인 박춘권이 나섰다.

"제가 구출하겠습니다."

"잘할 수 있겠소?"

"염려하지 마세요. 다녀오겠습니다."

박춘권은 머뭇거리지 않고 바닷물에 뛰어들었다. 그 과정에서 미국인들과 조선인들 사이에 싸움이 거세졌다. 미국인들은 대포를 쏴서 군인과 주민들을 공격했고 조선인들이 죽었다.

"배에 탄 저들을 살려 보낼 순 없습니다! 저들은 우리의 말을 무시합니다!"

흥분한 군졸과 조선인들이 외쳤다.

그때 홍수에 불어났던 물이 빠지면서 제너럴셔먼호는 강서 보산 강변 양강도 모래톱에 갇히게 되었다.

"배가 꼼짝달싹 못 한다! 공격하라!"

"와! 와! 피옹, 피옹."

군졸들은 화살을 쏘고 주민들은 돌을 던졌다.

제너럴셔먼호는 군졸들이 쏜 활과 화승포를 맞고 불길에 휩싸였다.

"나는 선교사야. 내가 해야 할 일을 거야. 에스더처럼 죽으면 죽으리라."

토마스의 가슴은 뜨거워졌고 담대함이 일었다.

용기를 낸 토마스는 한 손엔 한문 성경을, 한 손엔 항복의 표시로 흰 깃발을 흔들며(조선실록 기록. 박규수의 일기 중에서) 헤엄을 쳐서 뭍으로 걸어 나왔다.

화가 난 주민들은 몽둥이를, 군졸들은 긴 칼을 들고 달려왔다.

토마스는 두렵지 않았다. 이상하리만치 마음이 편안해졌다.

"나는 당신들을 헤치지 않아요. 이 생명의 책을 읽으세요! 참 자유를 누릴 수 있어요!"

토마스는 성경을 건네며 외쳤다.

"에잇, 시끄러워! 생명의 책이라고?"

가족을 잃은 성난 주민들은 몽둥이를 휘둘러 토마스를 마구 때리고 발로 찼다.

"하나님! 저들의 죄를 용서해 주세요. 이 조선 땅에 복음이 전해질 것을 믿습니다."

토마스는 대동강 쑥섬 모래톱에서 27세의 꽃다운 나이에 죽어가며 기도했다.

박춘권은 토마스가 손에 쥐고 있던 책이 궁금해졌다.

'죽어가는 사람의 얼굴에서 빛이 났어. 어찌 저리 평온하고 환할까? 살려달라고 빌지도 않고 성경을 주다니! 무슨 내용일까?'

토마스의 모습이 자꾸 떠올라 머리가 복잡해지고 가슴이 벌렁거렸다.

제너럴셔먼호에 있던 24명이 모두 죽었으니 싸움에서 이겼는데 기쁘지 않았다. 그는 떨리는 손으로 토마스 주변에 있던 성경을 집어 들고 집으로 돌아와 읽기 시작했다. 성경을 읽을수록 눈물이 흘러내렸다.

"내가 무슨 짓을 한 거야. 흑흑."

잘못을 뉘우친 박춘권은 예수를 믿게 되었다.

제너럴셔먼호가 불에 탈 때 지켜보았던 12세 최치량은 토마스가 죽으며 모래톱에 던진 성경 3권을 박영식에게 주었다. 박영식은 성경 낱장을 뜯어 방안 벽에 붙였고, 어른이 된 최치량이 그 집을 사서 여관을 차렸다. 마펫 선교사는 1892년 겨울 최치량의 여관에서 선교 사업을 시작했고, 방 벽에 붙은 한문 성경의 내막을 알고 예배를 드렸다. 마펫 선교사에게 세례를 받은 최치량은 평양 최초 교인이 되었고, 여관 자리에 평양 최초 널다리골예배당을 세웠다. 1893년 이 예배당 자리에 평양 장대현교회가 세워졌고 박춘권은 처음 신자 중 한 명이 되었다. 그 후 안주교회를 대표하는 성도가 되었다. 박춘권의 조카 이영태는 평양숭실전문학교를 졸업하고 한국어 성경 번역 작업에 참여했다. 장대현교회는 1907년 평양 대부흥 운동의 중심이 되었다. 이처럼 토마스의 순교는 평양 복음화의 주춧돌이 되었다.

모래톱에서 외치는 소리

화살이 날아오고
몽둥이로 내리쳐도

캄캄한 밤이
파도처럼 밀려오고

두려움이
산처럼 덮쳐와도

죽음을 뛰어넘어
전한 성경책

한 알 밀알 되어
많은 생명 살렸어요.

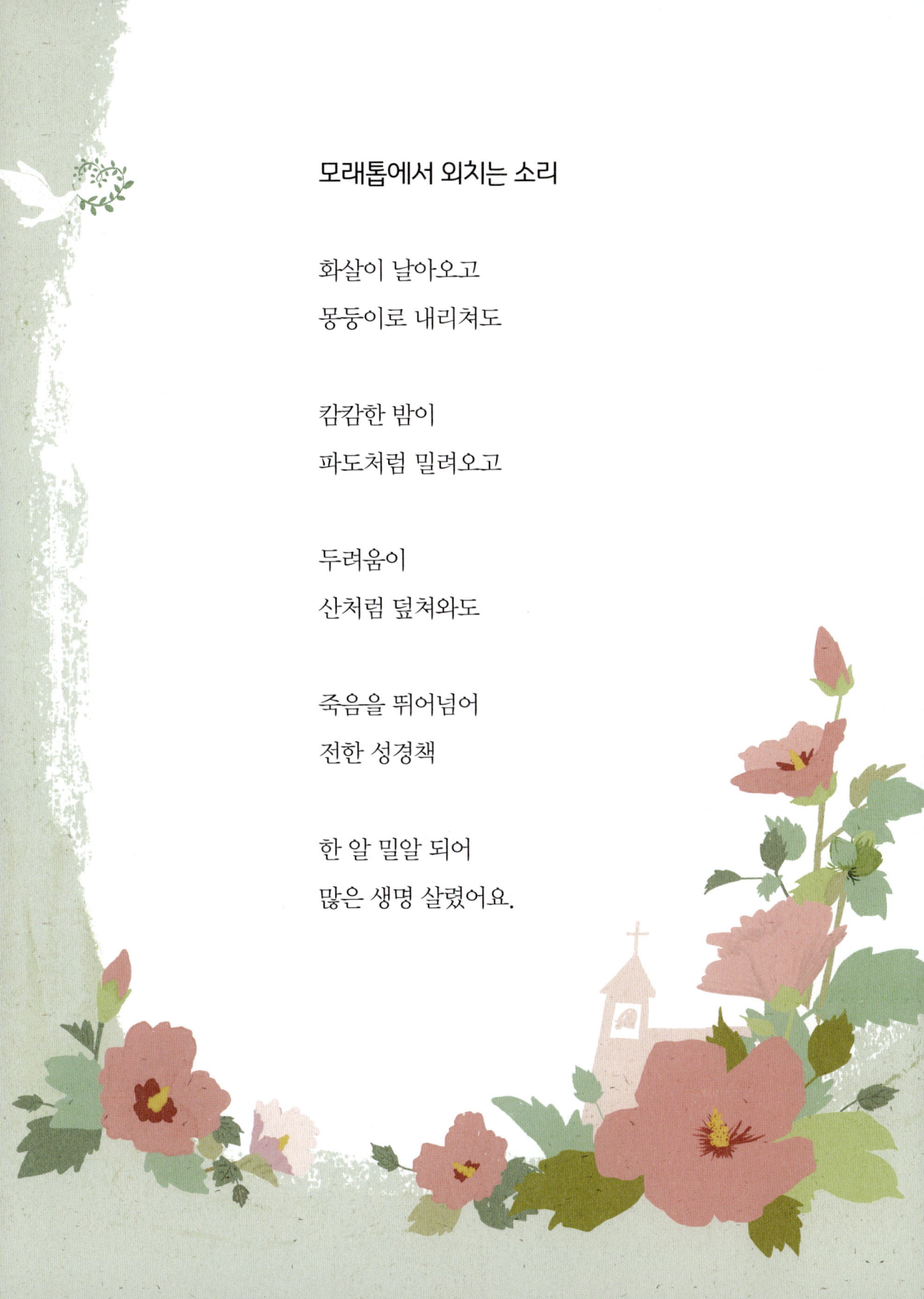

헨리 거하드 아펜젤러 (Henry Gerhard Appenzeller) 1858년~1902년

　한국 이름 아펜설라. 미국 펜실베니아주 사우더턴에서 태어났어요. 펜실베니아의 프랭클린마셜대학, 뉴저지주의 드루대학의 신학부를 졸업했어요. 미국 감리회 선교사로 조선에 입국해 선교사들과 한국선교사회를 설립했어요. 1886년 배재학당 설립, 1887년 독립운동가들을 키워내었던 정동감리교회 설립, 1891년에 내리교회 설립, 조선 최초로 학생 인권단체이자 독립운동 단체였던 협성회를 조직했어요. 또 한국 성경 번역부에서 언더우드와 게일 등 선교사들과 마가복음, 마태복음을 한글로 번역했어요. 일제 강점기 전에 순교하였기에 독립운동가로 불리지 않았지만, 아펜젤러가 세운 배재학당은 수많은 독립운동가를 배출했어요. 아들 헨리는 배재학당 교장으로 교육에 헌신했어요. 딸 엘리스는 이화학당 제6대 당장으로 이화여전을 정동에서 신촌으로 옮기기 위해 노력했어요.

- 고종은 19세기 말에 제작된 '나전흑칠삼층장'을 아펜젤러 선교사에게 하사 – 배재학당을 설립해 한국 근대 교육에 헌신한 공로를 인정하고 감사를 표했어요.

2. 거룩한 소원을 이룬 아펜젤러

✦

1881년 2월 26일 아펜젤러는 일기장에 이렇게 썼다.

나에게 커다란 꿈이 있다면, 주님을 위해 봉사하고 완전히 헌신하는 것이다.

"어머니, 조선이라는 나라에 가겠어요."

아펜젤러는 친구가 조선을 선교지로 꿈꾸다 포기하자 조선에 갈 마음을 굳혔다.

"조선은 가난하고 말라리아, 콜레라, 장티푸스 등 전염병이 많다더라. 무서운 호랑이가 많고 식인종이 있다던데 그래도 괜찮겠니?"

"그러니까 제가 가야 해요."

"내 꿈에, 네가 푸른 바다에 빠져 죽는 꿈을 꾸었어. 안 가면 좋겠구나."

어머니는 아펜젤러의 손을 잡고 설득했다.

"어머니, 걱정하지 마세요. 주님께서 인도하실 거예요. 저는 사나 죽으나 주님을 위해 살 거예요."

1885년 7월 29일, 27세 아펜젤러는 부인 엘라와 함께 제물포항에 내려 조선 땅을 밟았다. 어학 능력이 뛰어난 아펜젤러는 한글을 빠르게 익혔다. 조선인과 자유롭게 대화가 가능해지자 할 일을 찾아 나섰다.

"여보, 조선의 젊은이와 아이들이 학교에 안 가고 놀고 있어요. 양반집 아이들만 서당에서 한자를 배워요. 신분 상관없이 모두 교육받아야 이 나라가 발전할 텐데요. 우리가 도울 방법이 없을까요?"

아펜젤러가 아내에게 물었다.

"당장은 어렵지 않겠어요? 학교 건물을 지으려면 많은 돈이 필요해요."

"우리 집 방 벽을 헐고 교실을 만들면 좋겠어요. 의사가 되고 싶다는 이겸라와 고영필 두 학생이 영어를 배우고 싶어 해요. 내 생각 어때요?"

"음, 좋아요. 그렇게 하세요."

아내가 찬성하자 교실을 꾸미고 1885년 8월 3일 기쁜 마음으로 첫 수업을 했다.

1년이 지난 어느 날 고종이 아펜젤러를 불렀다.

"아펜젤러, 헌신적으로 학생들을 가르친다는 얘길 들었소. 우리 조선의 미래를 짊어지고 나갈 젊은이들을 사랑으로 가르치니 고맙소. 짐이 학교 이름을 배재학당이라 지었소. 조선 역사상 최초의 근대식 교육기관으로 자리매김하게 될 것이오. 앞으로 잘 부탁하오."

"예, 폐하!"

고종은 아펜젤러에게 배재학당 학교 현판을 하사했다.

"여보, 미국 선교부에서 학교 건축비 4천 달러를 보내왔어요. 이 돈이면 학교를 짓겠어요. 폐하께서 약속하셨으니 조선 정부의 인가를 받으면 되겠어요."

아펜젤러는 기뻤다.

"이제 학생들이 마음껏 공부하게 돼 정말 좋아요."

아내가 말했다.

그해 11월에 아내가 딸을 낳았다.

"우리 엘리스는 조선에서 태어난 최초의 서양 아기예요. 예쁘게 잘 자랄 거예요."

아펜젤러가 아내를 바라보며 말했다.

하루는 배재학당 교사가 걱정스레 아펜젤러에게 물었다.

"선교사님, 학생들이 갓을 쓰고 도포를 입고 검은 수염을 길게 늘어뜨리고 학교에 와요. 게다가 쉬는 시간에 학생들이 긴 담뱃대를 물고 담배를 피웁니다. 어떻게 해야 할까요?"

"그냥 둡시다. 학생들의 나이가 25~30세로, 동양 사상과 한문 지식이 풍부한 사람들입니다. 우리가 함부로 이래라저래라할 순 없지요. 우리 학교는 통역관과 학교의 일꾼을 키우는 곳이 아닙니다. 자유와 평등 교육을 받은 사람을 내보내야 합니다. 우리는 일본처럼 억압해선 안 돼요. 스스로 깨닫고 일어서도록 도와야 해요. 조선인의 문화는 독창적이고 뛰어날 뿐 아니라 자존심이 강하고 영리한 민족이에요. 지금은 국가의 힘이 약해 남의 나라에 의지하니 안타까워요."

아펜젤러의 말에 교사는 고개를 끄덕였다.

하루는 아펜젤러가 퇴근하여 저녁 식사를 하는데 한 거지가 문을 두드렸다. 거지가 입은 옷은 구멍이 뚫어져 찢어지고 더러웠다. 게다가 발은 맨발이었다.

"안에 계세요? 배가 고파요!"

거지가 꼬질꼬질한 얼굴로 말했다.

"어서 들어오세요."

아펜젤러는 거지를 집 안에 들여 식탁에 앉게 하고 음식을 차려줬다.

"많이 드세요."

밥을 다 먹은 거지에게 옷과 돈을 주었다.

아내는 늘 있는 일이라 항상 음식을 넉넉하게 준비했다.

아펜젤러는 1887년부터 촛불을 켜놓고 신약성서 번역에 힘을 썼다. 그해 3월 6일 저녁에 건청궁에

전기가 처음 들어왔다. 아펜젤러는 조선의 앞날이 전깃불처럼 밝게 빛나게 될 것이라 믿었다.

90kg였던 아펜젤러의 몸무게가 조선에 온 지 7년 만에 27kg가 줄어 63kg가 되었다. 혼자 세 사람 몫의 일을 한 탓이었다.

아펜젤러는 1900년에 안식년을 맞아 미국에 갔다.

"조선에 다시 가려고요? 조선의 여름은 습하고 더워 건강을 해친 듯합니다. 미국에서 일하시는 게 좋지 않을까요?"

주변 사람들이 아펜젤러를 말렸다.

"나는 이미 조선과 조선인을 위해 내주었습니다. 나는 미국보다 조선에서 내가 더 필요하다는 걸 압니다. 하늘나라는 미국이라고 해서 더 가깝고 조선이라고 해서 더 멀지 않습니다."

아펜젤러의 마음은 흔들리지 않았다.

배재학당과 정동교회를 오래 비워둘 수 없었다. 그리고 치외 법권의 이점을 이용해 독립운동가들을 도와야 했기에 조선에 다시 돌아왔다.

일제의 탄압은 더 심해졌고, 독립운동가들을 감옥에 가두고 괴롭혔다.

"이를 어쩌면 좋을까요? 400여 명의 독립 협회 사람들이 자유를 잃고 갇혔어요. 그들 대부분은 배재학당 졸업생과 학생, 정동교회 청년들입니다."

아펜젤러가 탄식하자 아내가 말했다.

"기도하며 우리가 도와요."

아펜젤러는 가만히 있을 수 없어 감옥에 찾아가 기도하고 용기를 북돋아 줬다.

"용기를 잃지 마세요! 제가 도울게요."

그들 중에 청년 이승만[1]은 무기징역을 선고받고 복역 중이었다. 죄수 중 큰 죄수가 갇히는 가장 음침한 지하 감옥에서 온몸이 쇠사슬에 묶이고 발은 철사로 채워져 있었다. 종로 거리에서 열렸던 만민공동회[2] 강연 중 일제를 비판하고 공격했으며, 왕정 개혁과 전제 군주제 반대 그리고 국민의 권리 주장이 그 이유였다.

---

1) 이승만: 1875년~1965년. 황해도 평산 출생. 독립운동가로 대한민국 임시정부의 초대 대통령. 대한민국 제1대, 제2대, 제3대 대통령.

2) 만민공동회: 1897년 초 독립협회의 서재필·윤치호·이상재 등에 의해 처음 시작한 우리나라 최초의 근대적 민중 집회로 민권 신장을 위해 조직.

청년 이승만의 몸은 바짝 말라 있었다.

"선교사님, 힘들어 죽고 싶어요. 여름에는 빈대와 모기, 벼룩에 시달리고 겨울이면 추위와 불안, 배고픔에 죽을 것 같습니다. 높은 담을 넘어 탈출하려다 교도관에게 잡혀 매를 맞고 죽을 뻔했어요. 저는 어떻게 해야 할까요?"

청년 이승만은 고통에 일그러진 얼굴로 말했다.

"예수님의 고난을 생각해 보세요. 지금은 힘들겠지만, 참고 기도하면 밝은 해는 뜹니다. 용기를 내세요. 희망과 가능성이 가득한 이 조선을 생각하세요. 여기 신약성서와 필요한 책을 가져왔어요. 날마다 읽으세요."

"예, 선교사님!"

아펜젤러는 5년 7개월 동안 갇혀있던 이승만을 수시로 찾아가 기도해줬다.

그리고 가난한 배재학당 학생들을 보살폈다.

학생들 중 주시경[3]은 끼니를 거를 때가 많았다. 배재학당에 입학해

---

3)주시경: 1876년~1914년. 황해도 출생. 일제 강점기에 국어문법, 말의 소리 등을 저술한 국어학자.

무명옷과 짚신을 신고 다녔는데 온종일 굶고 벌컥벌컥 물을 들이켰다.

"왜 물만 마십니까? 어디가 아픈가요?"

"아닙니다. 그게… 배가 고파서요."

주시경이 얼굴을 붉히며 말을 더듬었다.

"가난한 건 부끄러운 게 아닙니다. 우리 배재학당 인쇄소에서 일하며 한글 연구에 힘써 주세요. 내가 봉급을 줄게요."

"고맙습니다, 선교사님."

아펜젤러는 주시경을 비롯해 배재학당 학생들을 아끼고 사랑했다.

1902년 44세의 아펜젤러는 목포에서 성서 번역 연구회에 참석하려고 인천에서 배를 탔다. 배가 군산시 어청도 앞바다에 이르자 아펜젤러는 작은 배 갑판에 나왔다. 안개가 심해 앞이 안 보였다. 그 순간 꽝! 꽝! 큰 배와 부딪혀 작은 배는 침몰하고 말았다. 아펜젤러는 헤엄쳐서 큰 배로 올라왔다.

"선교사님, 조한규 성도가 안 보입니다. 정신학교 학생들도 안 보이고요!"

누군가의 외치는 소리에 아펜젤러는 망설이지 않고 바다로 뛰어들었다.

아펜젤러의 시신은 찾지 못했다. 하지만 17년 동안 조선에서 펼쳤던 그의 사랑과 희생의 삶은 위대했다. 현재 아펜젤러와 그의 아들과 딸도 양화진 외국인 선교사 묘원에 잠들어 있다.

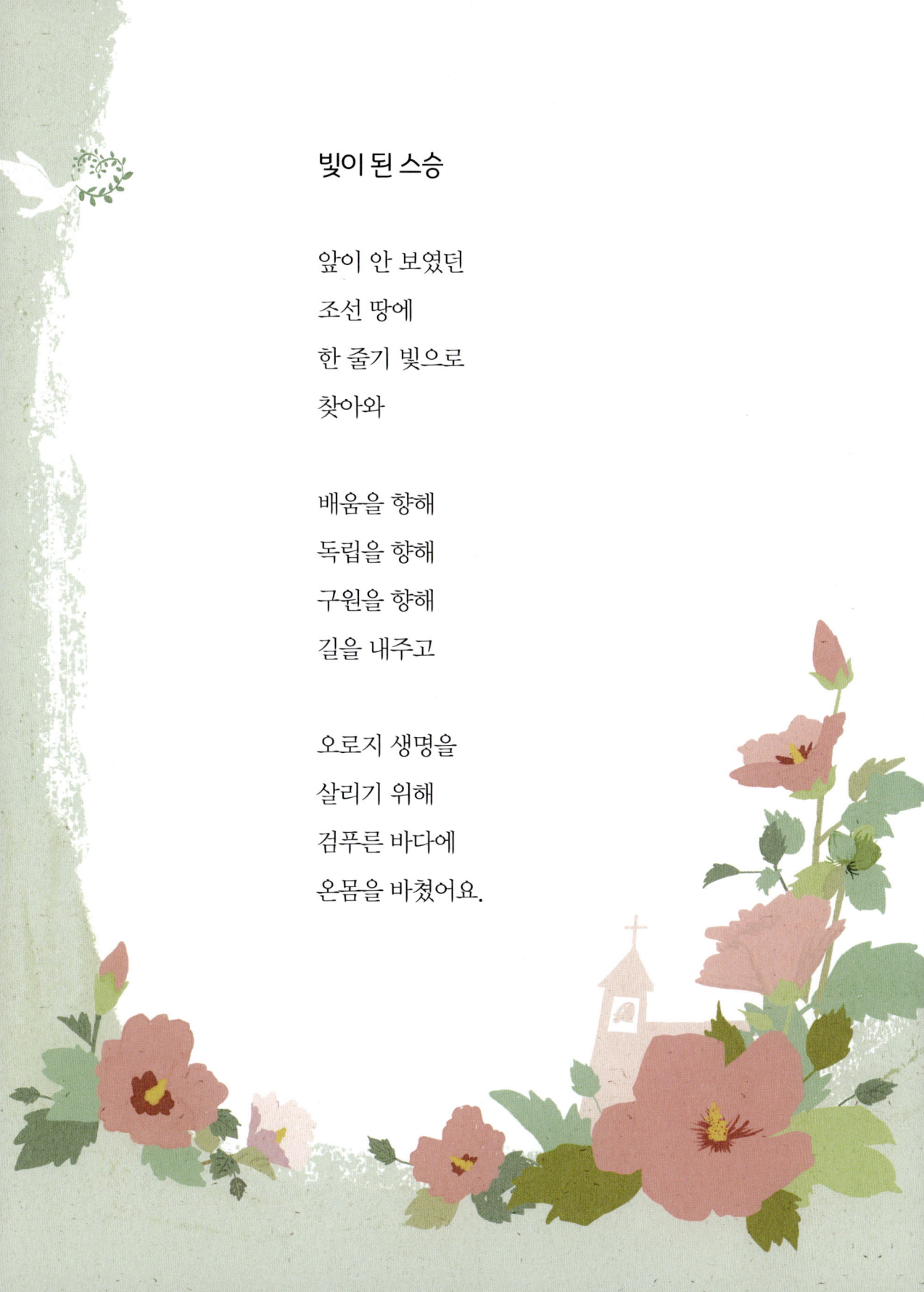

빛이 된 스승

앞이 안 보였던
조선 땅에
한 줄기 빛으로
찾아와

배움을 향해
독립을 향해
구원을 향해
길을 내주고

오로지 생명을
살리기 위해
검푸른 바다에
온몸을 바쳤어요.

윌리엄 린더 스왈른(William L. Swallen) 1865년~1954년

　한국 이름 소안론. 1865년 미국 오하이오 밀번에서 태어나 독실한 신앙을 가진 부모 밑에서 자랐어요. 1899년 우스터 농과대학, 1892년에 맥코믹신학교를 졸업했어요. 미국 북장로교 소속 선교사로 1892년 11월 아내 샐리와 조선에 입국해 한국어를 배운 후 1893년 1월 사무엘 마펫 선교사, 그레함 리 선교사와 함께 평양 및 관서지방 개척 선교사로 임명받아 폭설, 폭한을 뚫고 평양과 원산을 오가며 열정적으로 복음을 전했어요. 그 후 평양 주재 선교사가 되었어요.

　스왈른은 조선인과 같은 옷을 입고, 수염을 기르고 온 힘을 다해 일하다가 과로로 고열에 시달려 어려움을 겪기도 했어요. 1894년에 원산으로 사역지를 옮겨 그곳에서 활동하던 캐나다 출신 게일 선교사와 함께 일했어요. 숭실학당의 책임자 및 마펫과 베어드와 함께 평양신학교를 세워 교육 사업에 힘썼어요. 40년 동안 선교사로 몸과 마음을 바쳐 봉사했어요.

3. 평양에 믿음의 씨앗을 뿌린 스왈른

1900년 어느 날, 스왈른의 아내가 황해도 안악 장터에서 전도지를 나눠주고 있었다.

"오늘 밤 안악교회에서 부흥회가 열려요. 초대합니다! 오셔서 예수 믿고 은혜를 받으세요!"

김익두[1]가 전도지를 받아 구겨 코를 풀어 던지며 소리를 질렀다.

"내가 바로 안악골 호랑이오! 나한테 서양 귀신을 믿으라고 하다니! 당신 미쳤소?"

"코를 풀고 못된 말을 하면 당신 코가 썩습니다."

"코가 썩다니! 헛소리하지 마시라오."

"교회에 꼭 오셔서 말씀을 들어 보세요."

---

1) 김익두: 1874년~1950년. 황해도 안악 출생. 1910년 평양장로회신학교 졸업 후 목사가 되어 11명의 목사를 배출.

스왈른 아내가 전도지를 또 내밀었다.

그러자 김익두는 마지못해 전도지를 받아 들고 읽었다.

전도지에는 베드로전서 1장 24~25절이 쓰여있었다.

모든 육체는 풀과 같고 그 모든 영광은 풀의 꽃과 같으니 풀은 마르고 꽃은 떨어지되 오직 주의 말씀은 세세토록 있도다.

김익두는 집에 돌아와 잠들지 못하고 뒤척였다.

"세세토록? 영원히 산다는 말일까? 난 돌아가신 아버지가 그리워 매일 산소에 찾아가는데…. 죽은 사람도 영원히 산다는 건가? 나쁜 말을 하면 코가 썩는 걸까? 정말 코가 썩으면 어쩌지? 서양 귀신은 조선 귀신하고 다를 텐데…."

김익두는 밤새도록 27년 동안 살아온 날들을 되돌아보았다. 술을 마시고 칼을 들고 다니며 지나가는 사람을 위협했다. 시비 걸고 때리고, 나쁜 짓을 저질렀다. 못된 행동들이 어제 일처럼 한 장면 한 장면 스치고 지나갔다.

"난 이 세상에서 무서운 게 없었어. 날 잡으러 온 경찰도 때려눕혔는데 왜 이렇게 두렵고 가슴이 답답하지? 난 아직 죽기 싫어! 교회가 어떤 곳인지 한번 가봐야겠어."

김익두는 망설이다 마음을 다잡고 가족들을 데리고 안악교회에 나갔다. 성경 말씀을 들을 때마다 눈물이 났다. 자신이 얼마나 많은 잘못을 저지르며 살았는지 깨달았고 예수 믿고 새사람이 되었다.

"자네 교회에 나간다면서? 10개월 동안 뭐 했나?"

한 동네 사는 술친구가 물었다.

"내가 요즘 구약과 신약을 복용 중일세. 술은 절대 먹으면 안 된다는 처방이 나왔네. 그래서 신약성경을 100번 읽었어."

1901년 1월 스왈른은 김익두와 그의 아내와 어머니에게 세례를 주었다. 스왈른과 김익두는 같이 전도하며 성경책을 팔았다. 김익두는 1906년 평양신학교에 입학해 1910년에 졸업하고 한국 교회의 가장 위대한 부흥사가 되어 수많은 기적을 일으켰다. 그뿐 아니라 이기풍[2]에게 많은 영향을 끼쳤다.

이기풍이 평양장터에서 복음을 전하던 사무엘 마펫[3] 선교사에게

---

[2]이기풍: 1865년~1942년. 평양 출생. 순교자. 한국인 최초의 목사이며 제주 선교사로 파송.

[3]사무엘 마펫: 1864년~ 1939년. 인디애나주 매디슨 출생. 1889년 26세에 미국 북장로회 선교부에서 조선 선교사로 임명. 평양 장로회신학교 설립 초대 교장. 평안도에 많은 학교와 교회를 설립.

돌을 던져 턱을 다치게 했다.

시간이 흐른 뒤 원산에서 마펫과 비슷하게 생긴 스왈른을 보고 깜짝 놀랐다.

'나에게 보복하려고 온 게 틀림없어. 어떻게 하지?'

이기풍이 집으로 돌아와 잠이 들었다. 그런데 머리에 가시관을 쓴 사람이 나타나 말했다.

"기풍아! 기풍아, 왜 나를 괴롭히느냐? 너는 예수를 전하게 될 것이야."

이기풍은 깜짝 놀라 스왈른을 찾아가 꿈 이야기를 전했다. 그러자 스왈른이 이기풍의 손을 꼭 쥐고 머리를 숙여 기도한 후 말했다.

"예수님이 형제님을 귀하게 쓰실 거예요, 그동안 지은 모든 죄는 예수님이 용서해 주셨어요. 기뻐하세요."

이기풍은 감사해서 아이처럼 땅에 주저앉아 울었다.

마펫 선교사의 집에 돌을 던지고, 욕하고 턱을 다치게 한 걸 용서받아서였다.

스왈른은 전도하며 평양 숭실대학교에서 농학부 교수로 학생들을 가르쳤다. 평양 변두리에 살면서 농사와 과일

나무 재배법을 조선인들에게 알렸다. 그리고 미국에서 세 종류의 서양 품종 사과나무 묘목 300그루를 부산 항구로 들여와 성도들에게 나눠주며 말했다.

"사과나무를 심으세요. 잘 가꾸면 향기롭고 탐스러운 사과가 주렁주렁 열릴 테니 두고 보세요."

스왈른은 식목가를 작사해 나무 심기 운동을 펼쳤다. 그리고 대구와 평양, 황주에 있는 성도들에게 사과 묘목을 나눠주어 심고 가꾸게 했다. 이때 심은 사과가 지금의 대구 사과와 황해북도 황주 사과의 유래가 되었다.

"찬송가를 만들어야겠어. 좋은 노랫말을 붙이면 은혜로울 거야. 일제는 대한민국의 외교권을 빼앗고, 신사 참배를 강요하고, 한글도 못 쓰게 하고 있어. 얼마나 속상하고 답답할까?"

스왈른은 좌절한 한국인들에게 희망을 주기 위해 찬송가 '하늘 가는 밝은 길이'를 작사했다. 선교사들이 일제의 총칼에, 때론 질병과 사고로 순교할 때 마지막으로 불렀던 찬송가이다. 그 외 '내 죄를 회개하고', '찬송하는 소리 있어' 등 한국인이 애창하는 찬송가 노랫말을 지었다.

스왈른은 1932년 73세의 나이로 은퇴 후 1939년 미국으로 돌아갔다. 1954년 5월 8일에 플로리다 세인트 피터스버그에서 89세로 하늘나라로 떠났다.

평양에서 태어난 장녀 올리베트 스왈른은 1915년 북장로교 선교사로 대한민국을 찾아와 평양 숭의여학교에서 근무했다.

둘째 딸 게르투르드도 대한민국에서 선교사로 활동했다. 이처럼 스왈른 가족은 2대 걸쳐 한국 복음화에 헌신했다.

사과나무 선교사

어린 사과나무에
물을 부어 주듯
조선인들에게
사랑을 부어줬어요.

주렁주렁 열린
탐스러운 사과처럼
조선인들의 희망도
튼실하게 익었어요.

붉디붉은 사과 빛
스왈른 사랑
삼천리강산에 넘쳐요.

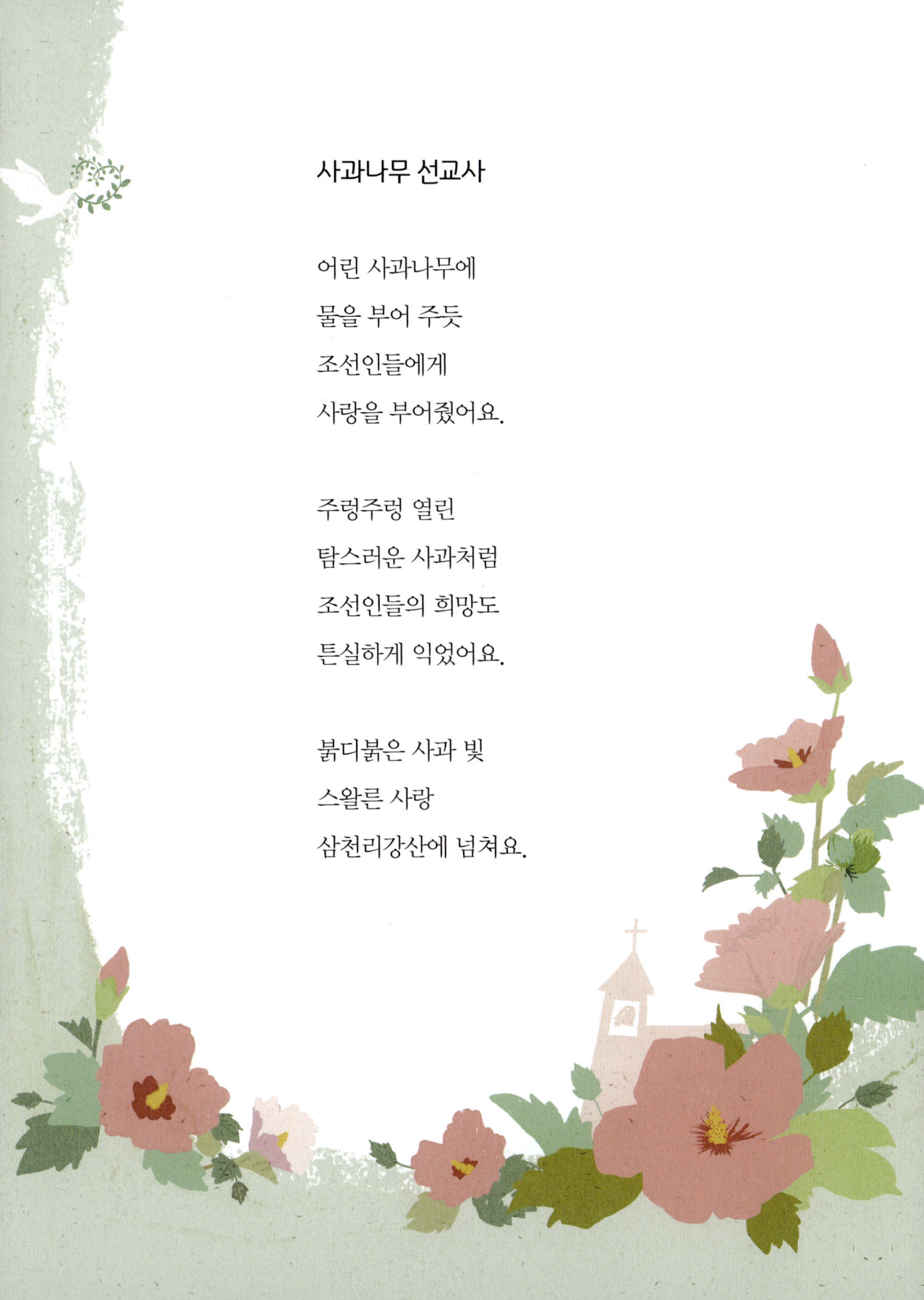

엘리자베스 요한나 쉐핑(Elisabeth Johanna Shepping) 1880년~1934년

한국 이름 서서평. 독일 비스바덴 프랑켄에서 태어나 9세에 미국으로 건너갔어요. 가톨릭 미션 스쿨에서 중고등학교를 마치고, 성 마르코병원 간호전문학교를 졸업했어요. 미국 남장로회 해외선교회 간호선교사로 파송을 받아 1912년 2월 20일 32세에 대한민국에 들어왔어요. 1914년부터 3년간 군산 예수병원에서 근무했으며, 1917년에 서울 세브란스병원에서 근무했어요. 1922년 이일학교(현 한일장신대학교)와 1923년 조선간호부협회(대한간호협회) 설립, 1933년 소록도 한센병환자 요양 시설과 병원을 설립했어요. 《간호 교과서》, 《실용 간호학 전서》, 《간호 요강》, 《간이 위생》 등 간호 관련 책을 출간했어요. 1930년 미국 장로회는 전 세계에 파견한 수많은 선교사 가운데, 대한민국에 파견한 선교사로는 유일하게 쉐핑을 '가장 위대한 선교사 7인'에 선정했어요.

4. 천사의 삶을 살았던 쉐핑

✦✧

쉐핑이 독일에 살 때였다.

"할머니, 엄마는 어디 갔어요?"

세 살 쉐핑이 외할머니에게 물었다.

"엄마는 미국에 갔어. 이 할미랑 살자. 내가 네 곁에 있어 줄게."

어린 쉐핑은 더 묻지 않았다.

쉐핑이 9세 되던 해 외할머니가 불렀다.

"아가, 네 엄마가 사는 주소란다. 내가 죽거든 엄마를 찾아가렴."

병든 외할머니가 떨리는 손으로 쪽지를 내밀었다.

그것을 받아 든 쉐핑의 눈에서 눈물이 뚝뚝 떨어졌다.

쉐핑은 엄마를 찾아 미국으로 갔다. 그곳에서 간호전문학교를 졸업하고 간호 선교사로 대한민국을 찾아와 광주 제중원(현 광주기독병원)에서 일하며 한글을 익혔다. 병원마다 간호사가 부족하다는 걸 알고 간호사들을 키워야겠다고 결심했다. 그 후 세브란스 병원에서 근무하며, 군산 학생 3명을 데려와 공부시켜 간호사로 키워냈다.

그러던 중에 1919년 3·1운동이 일어났다.

일제의 총 칼에 다치고 상처 입은 사람이 많았다.

"어떻게 이런 짓을 할 수 있어? 죄 없는 사람들을 다치게 하다니!"

쉐핑은 주저하지 않고 다친 사람을 치료해 주고 독립운동가들을 도왔다.

감옥에 갇힌 사람들에게 옷과 책, 음식과 약을 가져다주었다.

"당신은 한양에 있으면 안 됩니다. 당장 한양을 떠나세요!"

일본 경찰이 쉐핑을 몰아세워 강제로 쫓아냈다. 쉐핑은 다시 광주 제중원 간호사로 일하며, 나환자 수용소를 찾아가 환자들을 치료했다.

쉐핑은 조랑말을 타고 이곳저곳을 다녔다. 그런데 여인들을 부를 때 이름 대신 돼지 할머니, 개똥 엄마, 큰 년, 작은 년으로 부른다는 걸 알게 되었다.

"한국 여성들을 가르쳐야겠어. 저들 가운데 미래 지도자들을 키워야겠군. 나도 여기 여인들처럼 검정 고무신을 신고 옥양목 저고리와 검정 치마를 입어야겠어. 저들 곁에 다가서려면

나도 한국인이 되어야 해."

쉐핑은 스스럼없이 여인들과 된장국을 먹으며 이야기를 나눴다.

그리고 한국 최초 여성 신학교인 이일학교를 세워 학생들을 가르쳤다.

급한 성격 탓에 학생들이 공부를 안 하면 머리를 쥐어박기 일쑤였다.

"선생님, 아파요!"

"딴짓하니 공부를 못하는 것이에요."

쉐핑은 참지 못하고 윽박지르고 다그쳤다.

하루는 선배인 남자 선교사가 구두를 벗지 않고 2층 교실로 올라왔다.

"뭐예요? 깨끗하게 닦은 마루가 안 보인다는 거요?"

순간 화가 머리끝까지 치민 쉐핑이 선교사를 확 밀어버렸다.

"아이고, 허리야!"

2층에서 떨어진 선교사는 아파서 앓는 소리를 냈다.

그제야 정신이 든 쉐핑은 참지 못하고 저지른 행동을 후회했다.

"선교사님, 미안합니다!"

정중하게 머리를 조아려 사과했다.

하지만 밤새 잠을 이루지 못하고 기도하다 천국 문에 다다랐다.

쉐핑이 천국에 들어가려고 하자 수염이 덥수룩한 수문장이 막아섰다.

"왜, 못 들어가게 하는 거예요?"

쉐핑이 화를 벌컥 내며 큰 소리로 물었다.

"당신은 안 됩니다."

"저는 천국에 들어갈 믿음을 가지고 있어요. 예수님을 본받아 거지와 고아를 돌보고 섬기며 살았어요. 누구신데 천국에 못 들어가게 합니까?"

"나는 베드로요."

"사람을 잘 못 본 게 아닌가요?"

쉐핑은 따지듯 물었다.

"그대는 대한민국에서 온 쉐핑이 아니오?"

"맞아요. 그런데 왜 못 들어가게 하지요?"

"그 성급한 성질을 고치고 오지 않으면 천국에 못 들어갑니다."

쉐핑은 수문장 베드로와 열두 진주로 찬란히 빛나는 천국 문만 잠시 보고 왔던 거였다.

"온유한 자가 복이 있나니 천국이 저희 것임이요 했는데, 성질 사나운 내가 천국에 들어갈 수 있을까?"

쉐핑은 무릎 꿇고 회개하며 기도했다.

"주님, 저는 성질이 급해 많은 형제자매의 마음을 아프게 했습니다. 저만 믿음이 좋은 줄 알고 교만했습니다. 간호사이면서 환자들에게 인내심이 없다고 구박하여 마음을 아프게 했습니다. 주님, 천국에 들어가도록 저의 죄를 용서해 주세요."

그러고는 자신의 이름을 스스로 지었다.

"나는 성격이 몹시 급해. 그러니 천천히 평온하게 살자는 뜻을 담아, 성은 천천히 할 서(徐)로 할 거야. 이름은 천천히 할 서(徐)에 평평할 평(徐) 서평, 천천히 평평하게 나누고 살겠다는 뜻이 담긴 이름이야."

서서평으로 거듭난 쉐핑은, 버려진 아이들을 집에 데려와 재우고, 입히고, 먹이고 같이 지냈다.

어느 날, 다섯 살쯤 된 아이가 거리에 서서 엄마를 부르며 울었다.

"아가, 엄마 아버지는 어딨어?"

"엄마는 아파서 죽고, 아버지는 멀리 가서 오지 않아요."

"그래? 가엾어라. 어서 내 등에 업히렴."

서서평은 아이 옆에 앉아 등을 내밀었다.

아이는 쭈뼛쭈뼛하더니 이내 서서평의 등에 얼굴을 묻었다.

"오늘부터 내가 엄마야. 울지 말고 나랑 살자."

"엄마, 엄마!"

아이는 고개를 끄떡이며 입을 달싹이더니 이내 잠이 들었다.

엄마가 생긴 아이들은 한 명, 두 명 늘었다. 아이들은 서서평 곁에서 같이 밥 먹고, 한 이불을 덮고 잤으며 가르침을 받고 잘 자랐다.

이렇게 서서평이 입양해서 키운 자녀들이 14명이었다. 어른이 된 그 자녀들을 결혼시키고 자립하도록 도왔다. 그리고 오갈 데 없는 과부들을 집에 데려와 함께 살았는데 그 수가 38명이나 되었다.

추운 겨울날, 서서평은 반쪽으로 잘린 담요를 들고 어딘가로 향했다.
"이걸 덮으세요!"
서서평은 다리 밑에서 추위에 떨고 있는 거지에게 다가가 말했다.
"고맙습니다. 저희 어머니처럼 챙겨주시네요."
"배고프지요? 우리 집에 오셔서 밥 드세요. 우리 집이 어딘지 아세요?"
"그럼요, 선교사님 집을 모르는 사람은 없을 거예요."
서서평은 입고 있는 겉옷을 벗어서 거지에게 입혀줬다.
그리고 병으로 쓰러진 거지를 집에 데려와 치료해 주고, 음식을 먹이고 옷을 입혔다. 하루는 한센병 환자 두 명이 추위에 떨고 있는 걸

보고는 담요를 둘로 찢어서 두 사람에게 한 장씩 덮어주기도 했다.

그러던 어느 날 쉐핑은 4,000그루의 뽕나무를 심었다.

"우리가 뽕나무를 잘 키워 누에를 칩시다. 누에에서 비단실이 나오면 많은 학생을 키울 수 있습니다."

양잠을 통해 나온 수익금으로 아이들을 교육하는 어머니 역할을 감당했다.

서서평은 쉬지 않고 일하다 질병과 영양실조로 1934년 54세 나이로

하늘나라로 떠났다. 그녀의 집에는 옷 두 벌과 반으로 잘린 담요, 보리쌀 두 홉과 한 끼 식사비도 안 되는 7전이 전부였다. 22년 동안 대한민국에서, 성공이 아니라 섬김이라는 좌우명을 지키며 살았다. 그녀의 어린 시절은 불우했고 어머니에게 세 차례나 버려졌다. 하지만 어려서 빗속에서 춤추기를 좋아했고 바람과 햇살, 숲과 함께 자랐음을 늘 감사하며 살았다.

서서평의 장례식은 광주 시민사회장으로 치러졌다. 수천 명의 광주 시민과 나환자가 거리마다 흰옷을 입고 어머니를 외치며 울었다. 지금 그녀는 선교사들의 거주지였던 광주광역시 남구 양림동 선교사 묘역에 잠들어 있다.

낮은 곳에 서서

주먹밥도
두 개로 나누고

담요도
반으로 나누고

걸친 옷도
아낌없이 벗어주고

22년 동안
천천히, 천천히

평평하게, 고르게
사랑을 베풀며

예수님처럼
이웃을 섬겼어요.

휴 매킨타이어 린튼(Hugh MacIntyre Linton) 1926년~1984년

한국 이름 인휴. 군산에서 선교사로 일하던 아버지 윌리엄 린튼(인돈)과 어머니 샬럿 벨 린튼(인사례) 사이에서 태어났어요. 태어난 군산에서 자라다가 1950년 컬럼비아대학교 신학교를 졸업 후 인천 상륙 작전에 참전했어요. 1953년 프린스턴대학교에서 석사학위를 받고 다시 한국으로 돌아와 선교와 의료 봉사에 나섰어요. 등대선교회를 설립 후 전라남도 순천을 중심으로 도서 지역에 200여 개의 교회를 개척했어요. 1960년~1970년 동안 전라남도 고흥 간척 사업으로 20만 평의 땅을 개간했어요. 미합중국 대위, 장로교 선교사, 건축기사로 활동했어요.

린튼 가족은 대대로 한국인을 사랑하며 헌신하고 있어요. 휴 린튼 아내 로이스 베티(인애자)는 순천기독결핵요양원(순천결핵재활원)을 설립하여 은퇴할 때까지 결핵 퇴치를 위해 헌신했어요. 그 공로를 인정받아 1996년 호암상과 국민훈장 목련장을 수상했어요. 로이스 베티는 2023년 9월 노스캐롤라이나주에서 하늘나라로 떠났으며, 고인의 유언에 따라 순천 결핵재활원 부지 안 남편의 묘지 옆에 묻혔어요.

5. 푸른 눈의 한국인, 휴 린튼

1950년 6월 25일이었다.

"여보, 내가 태어난 한국에서 전쟁이 일어났어요. 이를 어쩌지요? 나도 한국을 지키는 데 도움이 되고 싶어요."

휴 린튼이 아내 로이스 베티에게 물었다.

"당신이 원한다면 뜻대로 하세요."

휴 린튼은 미 해군 대위로 유엔군 총사령관 맥아더 장군 지휘 아래 인천 상륙 작전에 참전했다. 북한군이 우세였던 전쟁이 인천 상륙 작전으로 국군과 연합군의 반격이 시작되었고, 곧 평양에 이어 압록강까지 이르게 되었다.

하지만 뺏고 빼앗기는 전쟁이 끝나고 한국 군사 정전에 관한 협정(1953년 7월 27일 22시)이 체결되었다. 남과 북은 한반도 군사 분계선을 사이에 두고 휴전했고, 휴 린튼은 미국으로 돌아갔다.

1954년 린튼 부부는 한국에 돌아와 선교와 의료 봉사를 시작했다.

"순천은 살기 좋은 곳이에요. 섬과 구석진 산골 마을에 다니며 무엇이 필요한지 살펴봐야겠어요. 시골 사람들과 친하게 지내려면 음식도

가려먹으면 안 돼요. 그리고 미국에서 가져온 운동화를 신지 말고 고무신을 신어야겠어요."

"그렇게 하세요. 저도 순천 사람들과 잘 지낼게요."

아내가 웃으며 말했다.

휴 린튼은 당장 검정 고무신을 사서 신었다.

"한국인들이 즐겨 신는 고무신은 발바닥이 아픕니다. 그래도 가볍고 싸서 좋습니다. 시골 사람들은 비포장도로를 고무신을 신고 잘 다닙니다. 놀랍습니다."

휴 린튼은 검정 고무신을 신고 섬과 산골 마을을 다니며 많은 교회를 세웠다.

그리고 6.25 전쟁 때 사용했던 전략 지도와 건설부에서 발간한 지도를 사서 각 교단의 교회 주소록을 수집해 지도를 정리했다. 서로 선교지가 겹쳐서 다툼이 일어나면 안 되기 때문이었다.

"여보, 검정 고무신이 낡아서 구멍이 뚫렸어요. 버리면 아깝고 어떻게 하면 좋을까요?"

휴 린튼이 아내에게 물었다.

"고무로 만든 신발이니 불에 녹을 거예요. 자전거 타이어도 뚫어지면 땜질해 주는 곳이 있잖아요."

"아, 이 고무신도 그곳에 가면 구멍 난 델 메꿀 수 있겠네요. 하하!"

하루는 휴 린튼이 섬마을을 다닐 때 배가 고프면 길거리에서 군고구마나 풀빵을 사서 먹었다.
"어머, 얼굴은 미국 사람인데 한국말을 잘하네요."
"내 이름은 인휴입니다. 나는 한국에서 태어난 사람입니다. 김치와 된장찌개 좋아합니다."
"오, 그래요? 겉모습만 외국인이구먼."
"나는 한국 사람을 사랑합니다."

한국 사람들은 수수하고 털털한 그의 모습에 마음의 문을 열었다.

가까운 거리는 자전거를 타고 다녔고, 먼 거리는 낡은 지프를 타고 섬마을과 농어촌을 돌아다녔다. 돌과 자갈이 많은 비포장도로라서 먼지가 뽀얗게 일었다. 하지만 아랑곳하지 않고 다니다가 며칠씩 집에 못 들어가는 날이 많았다.

부부는 9명의 자녀를 낳았는데 장남과 막내딸을 잃고 삼 형제가 폐결핵을 앓았다. 의료 시설이 뒤떨어진 한국에서 아이들을 키운다는 건 어려운 일이었다. 말라리아와 콜레라, 장티푸스 등 풍도병으로 죽는 아이들이 많았다.

휴 린튼은 아이들에게 재미있고 자상한 아버지였다. 바쁜 중에도 밤이면 아이들과 도란도란 이야기를 나눴다.

"날이 어두워져 어떤 집에서 잠을 자게 되었지. 그 집엔 형제들이 많았어."

"아버지, 우리 집보다 형제가 많았어요?"

"그럼. 밤새도록 잠을 안 자고 쏘다니던걸. 허허!"

"어머, 잠을 안 자요?"

"밤이면 바쁘거든. 애들아, 형제들이 많은 집에서 잘 땐 방 한 가운데에서 자렴. 가능한 벽에서 떨어져서 자라."

"왜요?"

"그래야 덜 물리거든. 하하!"

"으악! 벼룩, 빈대였어요? 아버지도 참, 제 옆에 오지 마세요. 히히."

"아우! 벼룩, 빈대에 물리면 엄청 가려워. 모기보다 열 배는 더 가려울걸."

아이들은 펄쩍펄쩍 뛰면서 긁는 시늉을 했다.

방 안에 웃음꽃이 화르르 피어났다.

휴 린튼는 순천 지역은 물론 전라도 내륙 지방과 경상남도 해안 지역까지 성경 말씀을 전했다.

"여보, 시골 곳곳에 먹을거리도 부족하고 가난한 사람이 많아요. 집도 허름하고요. 어떻게 하면 저들을 배고픔에서 벗어날 수 있게 도울 수 있을까요?"

"갯벌이 많던데 그 땅을 활용하면 어떨까요?"

아내가 말했다.

"아하, 좋은 생각이에요. 간척 사업을 추진하면 되겠어요."

휴 린튼은 바닷가에 제방을 쌓아 바닷물을 빼내고, 논과 밭을 만들어 무료로 나눠줬다. 지금은 그곳에 광양제철소가 들어섰다.

1960년 순천 일대에 홍수가 나고 결핵이 크게 유행했을 때였다.

"여보, 한국엔 결핵환자가 많아요. 전염력이 강해서 기침이나 가래로 전파되는 병이라 걱정이에요. 한국 어린이들이 건강하게 자랐으면 좋겠어요."

"우리가 나서서 결핵을 없앱시다."

아내의 말에 휴 린튼이 말했다.

아내와 휴 린튼은 순천 기독치료소를 설립하고, 30여 년 동안 결핵 퇴치에 앞장서서 바쁘게 일했다.

하지만 휴 린튼은 1984년 4월 58세에 전남 순천에서 음주 운전 버스와 충돌하는 사고를 당했다. 택시로 옮겨졌으나 광주기독병원에 도착하기 전 하늘나라로 서둘러 떠났다. 현재 휴 린튼은 순천 결핵재활원 부지 안 묘지에 잠들어 있다.

인휴의 검정 고무신

저벅저벅! 저벅저벅!
검정 고무신 발걸음 따라
피어난 순박한 웃음

인휴도 검정 고무신도
폴폴 날리는
먼지 뒤집어쓰고

남도 섬과 산골 마을에
아름다운 등대 된
푸른 눈의 인휴

검정 고무신이랑
잘 어울리는
틀림없는 한국인.

작가의 말

　이 책의 자자인 저는, 오래전부터 기도하며 외국 선교사 이야기를 어린아이부터 어른까지 편안하게 읽을 수 있는 글을 써야겠다고 다짐했어요. 그래서 조선 말기부터 일제 강점기 시기에 조선에 들어온 선교사들의 고귀한 사랑과 희생의 흔적을 찾아, 그분들의 성장 환경과 성격, 시대 배경, 역사적인 사실을 토대로 이야기를 구성하고 작가의 감성과 상상력을 더해 썼습니다. 진실이 잘 드러나도록 심혈을 기울였어요.

　조선 말기 고종이 다스리던 동방의 작은 나라 조선은, 거센 바람 앞에 놓인 촛불처럼 연약하고 위태로웠어요. 백성의 약 90% 이상 글을 읽고 쓸 수 없었으며 가난하여 배고팠고, 온갖 전염병과 그 외 여러 질병에 시달렸어요. 글을 모르니 희망도 품지 못했고, 하루하루를 힘겹게 살아갈 때 태평양 거센 파도를 헤치고 미지의 땅 조선에 위대한 꿈을 품고 들어온 푸른 눈의 선교사들이 있었지요. 그들은 조선에 도착하자마자 한글을 배웠고, 병원을

세워 환자를 치료했으며 부모도 없이 혼자 떠도는 아이들을 먹이고, 씻기고, 한 이불을 덮고 잤으며 학교를 세워 아이들을 가르쳤어요. 이처럼 푸른 눈의 선교사들은 의지할 데 없는 아이들에게 부모였으며 선생님이었고, 학교와 병원을 세운 건축업자였고, 창립자, 설계자였어요. 빛도 없이 이름도 없이 피땀 흘려 이룬 조선의 근대 문명화 사역 갈피마다 생명의 샘물이 흘러 넘쳐 황무지 같았던 대한민국 땅을 흠뻑 적셨고, 수없이 많은 생명을 구원해 살렸어요.

선교사들의 삶은 말로 표현할 수 없을 정도로 눈물겹고 아름다웠어요. 저는 그분들의 발자취를 따라가며 때론 고마운 마음에 감동했고, 가슴 아파하며 눈물 흘리기도 했어요.

맨 처음 조선에 입국한 토마스 선교사는 대동강 쑥섬 모래톱에서 27세 꽃다운 나이에 성경책을 전하고 순교했어요. 메리 스크랜튼은 57세에 조선에 들어와 최초의 근대 여성 교육의 어머니, 교육과 의료로 조선 여인들을 구한 선교사로 기억되고 있어요. 쉐핑 선교사는 결혼도 하지 않고 버려진 14명의 아이를 입양해 키워내 결혼시켰고, 38명의 과부와 가족이 되어 살았어요. 그녀는 쉬지 않고 일하다 질병과 영양실조로 54세에 하늘나라로 갔어요. 의

사인 로제타 홀은 자기 팔에서 피부 조직을 떼어내 화상을 입은 소녀의 손에 이식해 주었어요. 안타까운 사실은 청일전쟁 때 환자를 치료하다가 전염병에 걸린 선교사 남편, 윌리엄 홀의 임종을 지켰으며, 세균성 이질에 걸려 죽어가는 다섯 살 어린 딸을 지켜봐야 했어요. 하지만 이 모든 고통과 슬픔을 이겨낼 만큼 조선인들을 사랑했기에 병원을 세워 환자를 치료해 줬고, 농아 학교를 세워 우리나라 특수 교육의 기반을 닦았어요.

그리고 윌리엄 린튼 선교사 가족은 5대에 걸쳐 한국인들에게, 학교에서 때로는 병원에서 나눔의 사랑을 실천했으며 의술을 펼쳤어요. 스코필드 선교사는 호랑이처럼 일제와 싸워 한국의 독립을 세계에 외쳐 알렸어요. 또 기자였던 베델은 신문사를 차려 한국인들에게 분리 독립과 민족정신을 일깨웠으며, 언더우드 선교사는 훌륭한 제자들을 키웠는데 그중에 김규식은 독립운동가이며 임시 정부 국무 위원이었어요. 에비슨 선교사는 미신을 믿었던 조선인들에게 전염병 퇴치와 위생 교육, 환자 치료에 최선을 다했으며, 아펜젤러 선교사는 목숨을 아끼지 않고 희생의 정신으로 제자를 길러냈어요. 이 책에 다 담지 못한 많은 선교사가 있어요. 그분들의 이타적인 사랑이 있었기에 우리나라가 아름답고 눈부시게 발전한 것이에요.

　하나님의 사랑을 아낌없이 받았던 대한민국이 이제는 이웃 나라에 그 사랑을 실천하고 있지요. 세계에서 두 번째로 많은 선교사를 해외에 파송하는 나라로 동방의 예루살렘으로 불리고 있어요. 이 얼마나 감사한 일인가요. 〈푸른 눈의 독립운동가 선교사 이야기〉를 펴내며 그동안 제가 받은 사랑이 컸음을 깨달은 계기가 되었어요. 선교사들이 뿌린 한 알의 밀알이 푸르게 자라 숲을 이뤘고, 나무마다 향기를 전하는 탐스러운 열매가 맺혔음을 마음껏 느낄 수 있어서 행복했어요.

　끝으로, 이 책이 나오기까지 계획과 실행, 절차와 과정에서 위태로운 순간마다 도우신 하나님께 감사와 영광을 올려 드립니다. 기꺼이 추천의 글을 써 주신 고석표 CBS 대외협력 국장님, 김용관 선교사님, 박상현 위임목사님, 조대엽 목사님, 박소명 작가님 감사합니다! 그리고 저에게 소리 없이 알게 모르게 도움을 주신 분들과 날마다 기도로 응원해 준 사랑하는 가족들, 용기를 북돋아 준 문우들 고맙습니다!

눈보라와 태풍에도 흔들리지 않는 뿌리 깊은 백향목이 되고픈

조명숙

참고 자료

도서

성경전서 편자, 《개정개혁판 큰 글자 성경전서》 대한성서공회, 2005
김재현 엮음, 《한반도에 새겨진 십자가의 길》 KIATS, 2013
강석진, 《조선 근대 문명화를 이끈 선교사들》 렛츠북, 2024
한국교회사학연구원 엮음, 《내한 선교사 연구》 대한기독교서회, 2011
내한선교사사전 편찬위원회 편, 《내한선교사사전》 한국기독교역사연구소, 2022
박은배, 《하나님의 호흡, 한국기독교 국내유적답사기1》 새로운사람들, 2009
박은배, 《하나님의 거처, 한국기독교 국내유적답사기2》 새로운사람들, 2009
로제타 셔우드 홀, 《로제타 홀 일기 1, 2, 3, 4, 5, 6》 홍성사, 2015, 2016, 2017
김현수, 강현희 번역, 양화진문화원 엮음

신문 기사 및 방송 프로그램

* 고신뉴스 KNC(기독교보 인터넷신문) <선교사 열전>, 선교사 열전 이야기는 한국고등신학연구원(KIATS) 김재현 박사의 '한반도에 심겨진 복음의 씨앗'(KIATS), 박용규 박사의 '한국기독교사'(한국기독교역사연구소) 등의 문헌을 중심으로 편집했습니다.
  −출처: 고신뉴스 knc
* <선교사 열전(3) 구제하고, 가르치고, 양자 삼고− 한국에 파송된 호주 첫 여선교사 (이사벨라 멘지스)> 이용현 2021.08.18
* <선교사 열전(8) 마포삼열 선교사(사무엘 마펫)> 이용현 2021.11.24
* <선교사 열전(13) 유진벨 선교사> 이용현 2022.03.16
* <선교사 열전(15) 엘리자베스 쉐핑> 이용현 2022.03.30
* <선교사 열전(20) 윌리엄 린튼 선교사> 이용현 2022.08.24
* <선교사 열전(22) 호레이스 언더우드> 이용현 2022.10.05

* <선교사 열전(25) 휴 린턴 선교사와 미 정통 장로교회 선교사> 이용현 2022.11.16
* <선교사 열전(27) 한국교회 최초의 순교자, 로버트 토마스 선교사> 이국희 2022.12.07
* <선교사 열전(28) 평양 선교 개척자 의료선교 캐나다 (윌리엄 제임스 홀)> 이국희 2022.12.16
* <선교사 열전(29) 3.1운동의 34번째 민족 대표 캐나다 프랭크 윌리엄 스코필드 선교사> 이국희 2023.01.31
* <선교사 열전(33) 평양 무대로 전도와 문서선교에 생을 바친 스왈른 선교사> 이국희 2023.07.19
* <선교사 열전(34) 북방선교와 교육, 병원 사역 헌신한 그리어슨 선교사> 이국희 2023.10.18
* KBS 역사스페셜 '역사 저널 그날', <고종의 밀사, 헐버트의 꿈> 2010.10.23
* KBS 다큐ON 성탄특집, <양화진선교사묘역 안장, 헐버트가 전하는 기쁜 소식> 2023.12.23
* CTS 기독교 TV 지식 IN 미래를 세우다, <우리가 몰랐던 제너럴셔먼호 사건> 총신대 선교대학원 유해석 교수, 2023.10.9
* 디지털 조선일보, <세계 최초의 현수교는? 유성룡의 조교> 김정아 2017.9.14
* 고신뉴스, <나의 애장문헌(89) 사민필지> 2013.1.17 박시영 목사
* YTN 재미있는 역사 이야기, <베델- 영국 청년이 지켜낸 경천사지 삼층석탑>
* CBS JOY, <이 땅을 사랑한 예수의 증인들, 조선 독립을 염원한 영국인 베델> 2023.5.18
* KBS 역사스페셜 '역사 저널 그날', <3.1절 특집, 3일간의 재판 영국인 베델을 추방하라> 1990.2.27
* 우리 역사넷 contents.history.go.kr <베델>
* CTS 위대한 유산, <한남대학교 초대 총장 윌리엄 린튼, 군산 3·5 만세 운동 지원> 2024.2.7
* 다큐멘터리 kim Right youtube, <푸른 눈의 민족 대표 윌리엄 린튼> 2021.12.9
* 크리스천투데이, <선교 5대 130년에 걸친 한국 사랑과 선교> 김신의 2024.4.1

* 크리스천투데이, <여성 차별과 신분제 타파, 문맹 퇴치와 한글 보급까지>[근대 선교운동과 내한 선교사들 4] 복음의 빛, 한반도를 비추다– 백석대학교 석좌교수, 역사신학, 이상규 박사 2025.5.8
* 더 미션 국민일보 youtube, <암흑의 일제 강점기, 사진으로 빛을 발한 석호필> 2023.9.4
* KBS 실험실 youtube, '역사 실험', <언더우드의 유언> 2012.12.25
* 성결출판사 youtube, <언더우드 선교사의 생애, 한국인보다 한국을 더 사랑한 선교사> 2020.8.29
* CGN 내가 사랑한 조선 youtube, <한국 선교사가 되기까지 '영적으로 궁핍한 나라, 조선 선교 결심' 1907 믿음의 사람들> 2015.5.17
* 성결출판사 youtube, <아펜젤러 선교사의 생애, 조선에 빛이 된 선교사, 한국 감리교회의 아버지> 2020.7.30
* JTBC 차이나는 클라스, <가장 낮은 곳에서부터 한국기독교의 성장, 올리버 R 에비슨> 2012.12.24
* 안양감리교회 youtube, <마가특새선교사열전, 올리버 에비슨 선교사 소개 영상> 2020.6.1
* MBC 네이버 TV, 신비한 TV 서프라이즈, <조선의 어머니 '서서평의 이야기'> 2017.3.5
* 성결출판사 youtube, <서서평 선교사의 생애 '조선인의 어머니' 선교사 이야기 2019.12.18
* CBS 특집 다큐멘터리, CBS JOY 예수의 흔적 '조선 여성들에게 빛이 된 선교사' 로제타 홀 (우리가 살아도 주를 위하여 살고 죽어도 주를 위하여 죽나니 그러므로 사나 죽으나 우기가 주의 것이로다–로마서 14:8) CBS JOY youtube 2024.07.28
* CGN TV 내한 선교사 130주년 특별 다큐멘터리, <여선교사 조선을 비추다, 메리 스크랜튼과 로제타 홀> CGN Youtube 2015.11.09
* KBS 다큐 ON, <대한민국 1호 여성 양의사를 탄생시킨 미국인 여의사 로제타 홀>로제타 홀의 일기 2023.5.19
* 오피니언, 100년 넘은 교회마다 순교와 부흥의 역사가 (고두현의 문화 살롱) 2021.12.10

* K 기독신문 (581), <문소재에서, 평양 최초 교인 최치량> 2014.7.15
* 기독일보, <구약성경 최초 한글로 번역한 선교사를 아시나요?> 피터스목사기념사업회 박준서 박사 2021.11.09
* KBS 부산 방송, <부산 재발견 맥켄지가의 사람들> KBS부산 Youtube 2020.12.14
* 공감언론 뉴시스, <3.1 운동 전 세계 알린 외국인 '석호필', 우표로 만나다> 2023.8.7
* 국민일보, 반세기 동안 110개국 누빈 영국 선교사가 한국에 건넨 경고 [글로벌 미션 EYE] 영국 예수전도단(YWAM UK) 창립자 린 그린 선교사 인터뷰 2024.3.26

소속 기관 및 동영상 기타
국립한글박물관, 소식지<최초의 한글 띄어쓰기 존 로스 선교사로부터 시작되다> 2017. 2
이화여자대학교의료원, <한국 여성 의료의 역사는 보구녀관에 담겨있다>
이화여자대학교, <이화의 창립자 스크랜튼 선생님 국민훈장 무궁화장 수여> 이화뉴스 2010.01.08
독립기념관 소장자료, <부산 일신여학교의 3.1운동을 도운 호주여선교사들>
광복회, <이달의 독립운동가>
국가보훈부, 공훈전자사료관 <독립유공자 공적정보>
행정안전부 대통령기록관, 기록컬렉션 특별한 만남
행정안전부, 대한민국 상훈 www.sanghun.go.kr
네이버, 우리 모두의 백과사전 위키백과
네이버, 나무 위키